Itália Esotérica

Breve História da Sabedoria
Oculta desde a Antiga Roma
até o Período Fascista

Roberto Pinotti
Enrico Baccarini

Itália Esotérica

Breve História da Sabedoria Oculta desde a Antiga Roma até o Período Fascista

Tradução:
Gerson Cotrim Filiberto

MADRAS

Publicado originalmente em italiano sobre título *Italia Esoterica*, por Editoriale Olimpia S.p.A.
© 2004, Editoriale Olimpia S.p.A Italia
Direitos de edição e tradução para todos os países de língua portuguesa.
Tradução autorizada do italiano.
© 2005, Madras Editora Ltda.

Editor:
Wagner Veneziani Costa

Produção e Capa:
Equipe Técnica Madras

Tradução:
Gerson Cotrim Filiberto

Revisão:
Adir de Lima
Alessandra J. Gelmam Ruiz
Ana Paula Enes

CIP-BRASIL. CATALOGAÇÃO-NA-FONTE SINDICATO NACIONAL DOS EDITORES DE LIVROS, RJ.

P725i
Pinotti, Roberto, 1944-
Itália Esotérica: breve história da sabedoria oculta desde a antiga Roma até o período fascista/Roberto Pinotti, Enrico Baccarini ; tradução Gerson Cotrim Filiberto.São Paulo : Madras, 2005
il.
Tradução de: Itlalia esoterica
Inclui bibliografia
ISBN 85-7374-947-4
    1. Ciências ocultas - Itália. 2. Ciências ocultas - História. I. Título.
    05-1012. CDD 133.0945

Proibida a reprodução total ou parcial desta obra, de qualquer forma ou por qualquer meio eletrônico, mecânico, inclusive por meio de processos xerográficos, incluindo ainda o uso da internet, sem a permissão expressa da Madras Editora, na pessoa de seu editor (Lei n° 9.610, de 19.2.98).

Todos os direitos desta edição, em língua portuguesa, reservados pela

MADRAS EDITORA LTDA.
Rua Paulo Gonçalves, 88 — Santana
02403-020 — São Paulo — SP
Caixa Postal 12299 — CEP 02013-970 — SP
Tel.: (0_ _11) 6959.1127 — Fax: (0_ _11) 6959.3090
www.madras.com.br

Índice

Introdução 7
As Origens 13
Dos Primórdios da Civilização à Itália 17
    Os Povos Mediterrâneos 22
    A Magna Grécia 26
    Os Etruscos, O Povo do Mistério 35
Roma Esotérica 45
De Roma à Idade Média — Gnose, Gnosticismo e o
    Advento das Heresias 61
Após o Primeiro Milênio: Das Cruzadas ao Esoterismo
    dos Templários 75
Federico II e a Efervescência Esotérica na Itália 87
O Gnosticismo Hermético e a Escola Esotérica Italiana 97
    A Cabala e a Itália 104
    Os Grimórios Malditos 108
Ocultismo e Alquimia 113
Tommaso Campanella, Giordano Bruno e os Rosa-Cruzes ... 123
    Tommaso Campanella 123
    Giordano Bruno 125
    Os Rosa-Cruzes 129
O Século XVIII e a Maçonaria 135
Do Século XIX dos Médiuns ao Fascismo Esotérico 145
    Seria uma Hipótese Plausível? 151
Do Pós-Guerra aos Dias de Hoje 159
Bibliografia Essencial 163

Introdução

Desde a mais remota Antiguidade, o homem tem procurado compreender os mistérios da própria existência por meio dos instrumentos que a Natureza e o seu engenho lhe possibilitar. Ao lado das grandes religiões reveladas, a introdução de vários sistemas mágico-esotéricos e religiosos conduziu tal investigação por meio de intermédio um plano superior, de um projeto espiritual que levou à adoção de novas alternativas e até mesmo à utilização de substâncias psicotrópicas para procurar revelar a *essência* escondida dentro de cada homem. Desde a alvorada da nossa História, temos procurado, por várias abordagens, quer da Ciência, quer da Magia (naquele tempo indissoluvelmente ligadas), explicar o mundo em que vivemos, compreendê-lo e governá-lo segundo nossa vontade. De tais anseios derivam aquelas correntes mágico-esotéricas que têm *ritualizado*, em fórmulas e encantamentos, antigos conhecimentos, conservando pela sua prática um certo controle sobre a Natureza e suas criaturas.

As correntes esotéricas, mágicas e ocultistas, permitem-nos compreender e tomar posse de alguns segredos que foram sonegados aos nossos ancestrais e ao nosso passado, que diferem dos conceitos hoje variadamente sintetizados da tradição maçônica pelas várias formas de espiritualidade da Europa pré-romana, com os gauleses, que em razão da doutrina sobre a reencarnação, ensinada aos celtas desde o Druidismo, viam a realidade como um todo que vai da vida à morte, e (como nos lembra Júlio César no seu *De Bello Gallico*), portanto, lançavam-se contra o inimigo romano, certos de renascerem se eventualmente morressem em batalha.

Eis, o nosso passado, porque, em uma sociedade globalizada como a de hoje, o ponto de referência mais imediato e atual e, por isso mesmo a indicado de modo reducionista por aqueles que lidam com, informação, tanto os oportunistas quanto os ignorantes, é inegavelmente a *New Age*, indigno e banalizante subproduto de um superficial sincretismo espiritualista *home made* importado dos *yankees*, reencarnação "usa e descarta" de momentos culturais anteriores de bem diversa consistência, que opõem quatro milênios de civilização européia a nada mais que quatro séculos de civilização americana. A Itália, em particular, não foi de fato apenas pátria de artistas, escritores, poetas, cientistas ou patriotas, mas ainda de profundos estudiosos das ciências secretas, de um Esoterismo que permeou e embasou a nossa cultura e a nossa sociedade. Além disso, vemos como muitos dos movimentos esotéricos que respeitamos lograram conquistar um lugar importante, senão fundamental, em alguns casos, não apenas na Itália, como também nos desdobramentos posteriores do movimento esotérico por toda a Europa.

Mas falar de Esoterismo ou de Magia, da forma como são abordados hoje, pode remeter à comercialização e ao uso negativo dessas doutrinas por certos indivíduos.

A realidade, todavia, é bem diversa. Existem, e sempre existiram, dois filões que, como Ficino identificou, assumiram valores e movimentaram-se sobre trilhos totalmente distintos. Se de uma parte existe um Esoterismo das massas, comercial e banalizante, é também verdade que existem multidões de estudiosos e de especialistas que fazem de tal disciplina um veículo de crescimento, de conhecimento e de aprimoramento interior. Um dos mais importantes antropólogos italianos, Ernesto De Martino, ocupou-se da Magia e do Esoterismo por todo o transcurso de sua vida, estudando e procurando descobrir os mais obscuros e tenebrosos caminhos da vontade e do pensamento humanos. A sua convicção, depois de dezenas de anos de investigação de campo, foi de que um *fenômeno mágico* existiria realmente e não seria somente enquadrável no contexto das infinitas, e às vezes meramente instrumentais, classificações que o nosso progresso tem-nos levado a realizar. Em seu livro *O Mundo Mágico*[1], analisando a fundo uma série de dados etnográficos por ele mesmo recolhidos, De Martino assume aquela que constituirá a sua seguinte linha mestra no estudo e na interpretação do pensamento mágico, identificando dois âmbitos distintos: os poderes mágicos e o conceito de realidade. De Martino estará, ainda, entre aqueles que primeiro proporão um sério confronto entre os fenômenos conhecidos como *paranormais* e as alegações feitas pelos vários bruxos ou xamãs estudados em sua disciplina. Porquanto considere particularmente essas questões, a própria Psicologia dos últimos 50 anos estuda e analisa com atenção todas as manifestações que se afastam do que ordinariamente ocorre, invadindo de pleno direito a esfera do *extraordinário*, ou seja, daquilo em que se coloca além da normalidade. O próprio termo "Parapsicologia" significa *além da Psicologia*, abraçando, assim, uma série de fenômenos de difícil interpretação. Em 1946 foi publicada a segunda

---

1. E. De Martino, O Mundo Mágico, *Boringhieri, Torino, 1948.*

edição de *O Mundo Mágico*, à qual outro grande estudioso, Mircea Eliade, acrescentou, em apêndice, um trabalho seu intitulado *Percepção Extrasensorial e Magismo Etnológico*². Nesse trabalho, Eliade aceitou favoravelmente as posições de De Martino, comparando os casos por ele estudados aos mais bem documentados casos de fenômenos parapsicológicos investigados do século IX aos nossos dias. Cecília Gatto Trocchi acrescenta: "Estudados com extremo interesse pela ciência positivista, tais fenômenos, afirma com honestidade intelectual o próprio Eliade, apresentam um caráter *sui generis*, pois eles não se deixam reproduzir sempre e em qualquer ambiente" e, podemos acrescentar, são de algum modo naturais tanto na vida quanto na religiosidade do homem desde as épocas mais remotas. De Martino traçou esse perigoso paralelismo em razão do intenso trânsito e do conhecimento que adquiriu do mundo da Psicologia e de suas disciplinas, escrevendo em inúmeras revistas, entre as quais a respeitável "Metapsichica". Conservava desde jovem um profundo interesse por tais temas, interesse esse que, no curso dos anos de trabalho como antropólogo, havia sido em parte embotado por um racionalismo e por uma seriedade próprios da investigação de campo. Observar, registrar e interpretar são os três princípios basilares da investigação antropológica. Porém, esse posicionamento não o tornava indiferente quando em contato com povos que lhe apresentavam experiências totalmente fora do ordinário, em parte comuns também ao folclore, mas em parte inexplicáveis senão por meio da Parapsicologia. A posição de De Martino, no decorrer dos anos, tornar-se-á extremamente heterodoxa e sujeita a mudanças, mas suas convicções temáticas restarão sempre ancoradas a certos princípios.

Outros estudiosos da época propuseram possíveis explicações sobre a presença do pensamento mágico e esotérico na História. Se de um lado De Martino via a Magia como um ingrediente fundamental no desenvolvimento inicial dos povos primitivos, Marcel Mauss propunha novas interpretações, algumas vezes mais racionalizadoras. James G. Frazer, no seu monumental *Il ramo d'oro*, define a Magia como "a irmã bastarda da Ciência", enquanto outros estudiosos falam dela como a "colocação em prática da superstição". Mauss parece mover-se na mesma direção quando diz: "É certo que uma parte das ciências, sobretudo nas sociedades primitivas, foram elaboradas por magos. Esse tesouro de idéias acumulado pela Magia permanece desde há muito como o capital usado pelas ciências. A Magia nutriu a Ciência e os magos tem-lhe sido como sábios"³.

Mas se a Antropologia e a Física não têm sabido por ora fornecer alguma informação definitiva a respeito dos fenômenos paranormais, é

---

2. *O texto foi apresentado pela primeira vez pela prestigiada revista francesa "Critique", com o título* Science, Idealisme et Phénomenes Paranormaux *no número 21, de 1948.*
3. *M. Mauss,* Teoria Geral da Magia, *Newton Compton, Roma, 1975.*

necessário perguntar-se se a negação até hoje sustentada conserva-se realmente construtiva ou, antes, permanece como um resultado de nossa ignorância. É evidente que um fenômeno mágico e paranormal, como aparece representado em muitos textos antigos, não é outra coisa senão o fruto de uma construção cultural realizada para encantar e manter na ignorância os homens do passado. Hoje dispomos de meios, ainda que limitados, e de conhecimentos que nos têm permitido realizar uma pequena incursão no mundo além dos sentidos. A Ciência não considera mais tais temas apenas como o fruto criativo da mente humana mas, no momento, como uma incoerente e insondável manifestação que ainda não conseguimos sondar. Podemos de tal modo explicar as afirmações que os xamãs tungúsios ou os pigmeus fizeram a De Martino? O Esoterismo do passado não foi apenas fascinação, especulação ou manifestação espírita ou metapsíquica, mas ainda uma corrente de pensamento, uma Filosofia que em diversas vertentes aproximou-se de possibilitar mais que um crescimento interior e cultural, mas também um crescimento da própria civilização humana. Esses conceitos não foram sempre bem aceitos, o que provavelmente conduziu o Esoterismo à condenação milenar cujo fardo carrega ainda hoje.Talvez restem algumas dúvidas e perguntas, mas, convictos de que não podemos parar, continuaremos como espécie humana, a sondar não apenas os mistérios da Ciência ou de nossa mente, mas inclusive aqueles do nosso passado, da religiosidade antiga, das manifestações e das culturas que têm ainda muito a nos ensinar e a nos revelar. O Esoterismo verdadeiro talvez permaneça um grande mistério, porém as questões centrais, que desde sempre o acompanham, poderão quem sabe ajudar-nos a nos aproximar mais de sua compreensão. Charlatães e bufões não vão faltar nesse contexto, o que não autoriza juízos condenatórios precipitados. Seria como se devêssemos desqualificar a Medicina porque existem (e sempre foi assim) médicos indignos, que violam o juramento de Hipócrates movidos por objetivos econômicos e egoístas; ou o Cristianismo porque, como estrutura de poder humana e secular, a Igreja tenha algumas vezes deturpado o espírito da mensagem de Jesus no decorrer da História, em situações pelas quais João Paulo II pediu perdão com grande coragem e sensibilidade histórica.

Sobretudo no último século, o Esoterismo construiu um tipo de história secreta, bem mais oculta que aquela que se esconde por trás de eventos de fachada, mas de bem diversa Natureza, desde a viajem espacial de Yuri Gagarin, precedido de outros declarados pela antiga União Soviética, ao assassinio de J. F. Kenedy, ferido por pelo menos três atiradores escolhidos e não apenas pelo bode expiatório Lee Oswald, até a morte de três pontífices do século XX, Pio XI (possivelmente envenenado pelo médico Petacci, pai da futura amante do Duce?), João XXIII (vítima de *berillatio patris*?), e por que não João Paulo I (intoxicado por dose excessiva de medicamentos?), até as singulares mortes de Marilyn Monroe e de Lady Diana.

Este livro não tem pretensões especiais, senão aquela de fazer compreender em termos gerais e àqueles que são alheios à óptica dos que lidam diretamente com o assunto, e ainda nas contradições e nas ambigüidades da matéria, o que há de positivo no real e na aproximação do esotérico com a realidade. E em que medida é real ou mistificante, superficial e por que não centífico e historicamente faccioso, procurar descartar tudo como se se tratasse de uma coleção de idiotices, porque o Esoterismo não o é, absolutamente. Muito pelo contrário.

Se conseguirmos fazer com que o leitor, a princípio desinformado, sinta-se induzido, pela leitura deste livro, a se aprofundar nos temas, fatos, textos e personagens, por força de coisas aqui mencionadas, sem que possamos aprofundá-las muito, poderemos considerar-nos mais que satisfeitos. O caminho será indicado.

As Origens

A História ensina-nos como mesmo um caminho de descoberta e de pesquisa pode ser repleto de incontáveis perguntas, de momentos de grande opressão e, assim, também, de imprevisíveis progressos. As formas de pensamento desenvolvidas no século passado encontram-se muitas vezes alternadas ou confusas entre si, submetendo-se a autoridades superiores ou manifestando-se como um modelo de ensinamento ou um fator de crescimento. O Esoterismo não tem realizado menos, e tem influído sobre a evolução das idéias desde suas primeiras manifestações. Se, nas suas origens, a *forma mentis* heterogênea na qual provavelmente inspirou-se, baseando-se na necessidade de justificar e de investigar as causas primeiras e superiores que se mantinham na base dos fenômenos explicados, em tempos mais próximos o Esoterismo atingiu nova e vigorosa energia vital, nos momentos de profundo obscurecimento das ciências e das religiões, quando a espera por essa realidade vinha mergulhada em discussões orientadas por vontades sempre diferentes. Um halo impenetrável de mistério tem permeado a História do gênero humano desde sua criação, codificando-se em uma tradição que é transformada, ao longo dos séculos, em uma forma de ser e de cultura. E entre os aspectos mais antigos que o homem desde sempre cultivou no contexto do próprio *habitat* social e cultural, o Esoterismo encontra, indubitavelmente, um lugar de destaque. Desde a mais remota Antiguidade, o ser humano tem de fato velado a própria espiritualidade com conhecimentos mais misteriosos, secretos, detidos por membros específicos da sociedade que assumiam o papel de líderes espirituais e religiosos. Será somente por meio do advento de determinadas religiões "históricas", inicialmente, e do empirismo científico, depois, que o Esoterismo, firme em seu próprio caminho, assumirá uma conotação diversa, restando concretamente presente, com uma variada gama de denominações e de atuações no âmbito das próprias. Para o homem primitivo, a religiosidade, a Ciência e o Esoterismo constituíam, com efeito, as diversas faces de uma mesma moeda, permeando e condicionando as próprias estruturas da sociedade e do Estado. Desde suas primeiras manifestações, essa forma cultural particular revelava duas variantes fundamentais, ou seja, um lado definido e *exotérico*, aberto e acessível à maior parte dos indivíduos e sem vinculação com as normas culturais e morais de determinada sociedade, e um outro lado *esotérico* (do grego *esoterikòs*, interior), ou seja, pessoal, íntimo e reservado a um limitado grupo de indivíduos.

No *Dicionário Enciclopédico do Paranormal* há uma definição funcional que nos interessa:

> *Distingue-se do Misticismo enquanto o primeiro [o Esoterismo, n. d. a.] dá ênfase sobre a consciência e a gnose, em que o misticismo inflama-se com uma emotividade que encontra sua origem e porta de entrada em específicos e exclusivos pontos de vista. Deve-se recordar que, por outro lado, o mesmo Esoterismo pode assumir aspectos diversos: um de caráter religioso, e um segundo principalmente atento às implicações filosóficas da doutrina, mas sem que se criem cisões ou diferenças dentro da própria corrente.* [4]

As origens históricas do Esoterismo podem remontar verdadeiramente aos primórdios da civilização humana, cujos membros, provavelmente, criando um primitivo e indistinto sincretismo mágico-religioso, estiveram entre os primeiros a adquirir a consciência de uma existência baseada sobre toda uma pluralidade de formas e de conhecimentos. Os conseqüentes crescimento e evolução do intelecto humano levaram tais conhecimentos a estruturarem-se e desapegarem-se do binário único da sabedoria secreta, tida como conhecimento avançado, reservado a poucos indivíduos, costumeiramente pertencente às classes superiores da sociedade ou às castas sacerdotais. No transcorrer de séculos e de milênios sucessivos, o novo clima geopolítico internacional conduziu a uma profunda transformação social, sobretudo no momento em que o Cristianismo, na base da sociedade ocidental moderna, assume o indiscutível papel de religião hegemônica, chegando a uma conseqüente marginalização e contestação das formas culturais-religiosas alternativas.

Começam, assim, a se desenvolver nesse movimento novas escolas de pensamento, algumas definidas como místicas, outras como ocultistas ou esotéricas, mas que no seu conjunto procurarão levar a uma sociedade ainda intelectualmente pobre os verdadeiros valores do conhecimento, ou ao menos das formas rituais, culturais e religiosas alternativas relativas a determinados sistemas.

---

4. AA. VV., Dicionário Enciclopédico do Paranormal, *Mondadori, Milão, 1986.*

Pina Andronico Tosonotti [5] deu recentemente uma definição um tanto quanto esclarecedora e exaustiva do Esoterismo e das correntes místicas da Antiguidade, uma definição rica daqueles significados e daqueles valores que têm desde sempre permeado a investigação esotérica:

O Esoterismo nasce da absoluta consciência de que ousou, antes de todos, afrontar o peso da sabedoria, transmigrando-a dos antigos deuses. Da alvorada da criação (...) o homem traduz em conhecimento aquilo que tem percebido do mundo externo. Durante a busca da razão da própria vida, o seu discernimento voltou-se para o imponderável, uma vez que não poderia existir apenas o nada. [6]

---

5. P. *Andronico Tosonotti*, O Esoterismo, *Xênia, Milão, 1997.*
6. *Ivi, p. 3.*

Dos Primórdios da Civilização à Itália

Ao longo das áridas planícies repletas de pedras cor ocre e do doce fluir de dois rios estende-se uma terra na qual há mais de 5.000 mil anos viu-se o primeiro esboço de civilização: a Mesopotâmia. Nessa região, o homem primitivo, saindo do período neolítico, começou a construir cidades e a estruturar as primeiras formas de governo conhecidas no mundo. A terra entre o Tigre e o Eufrates sediou e desenvolveu uma cultura milenar, detentora de uma grande sabedoria, mas também de recônditos mistérios, de que nos chegaram apenas pálidos vislumbres. Nesse período, datável a partir de, pelo menos, 3500 a.C., encontram-se as primeiras descobertas e invenções da humanidade, entre as quais a agricultura e a escrita, que foram, sem sombra de dúvida, as mais importantes. O homem havia dado início ao seu lento progresso: às primeiras experiências espirituais baseadas sobre o culto à Natureza foram acrescentadas aquelas que, desde o período paleolítico, estavam enraizadas na fecundidade feminina, assim como pouco antes do nascimento da agricultura eram observadas religiões centradas na fertilidade do touro, correspondente masculino.

A escrita torna-se essencial para a adivinhação e para as artes mágicas antigas: foi posterior a elas, mas igualmente fez uso delas. Na Mesopotâmia, a primeira forma de escrita remonta a 3200 a.C., ou seja, no momento em que os sumérios deram-se conta da necessidade de codificar e preservar os próprios rituais, observações e adivinhações. Posteriormente, fez-se essencial à criação de uma técnica que confiasse a símbolos permanentes tudo quanto do princípio até o momento havia sido memorizado e transmitido oralmente. Nessa mesma corrente, na China, a adivinhação dos cascos das tartarugas havia mostrado a necessidade da criação de uma forma de escrita que chegou a contar com mais de 2500 símbolos.[7]

Entre os povos mais antigos da Mesopotâmia incluíam-se os sumérios, dos quais hoje conservamos ainda algumas invocações e diversos escritos em papiro.[8] Esse povo desenvolveu uma verdadeira Ciência mágica, ramificando essa disciplina em diversas *matérias*, e destinando-a principalmente à proteção da realeza e de toda a corte contra malefícios, doenças ou desgraças. Essa sociedade desenvolveu uma Magia elitista, reservada ao bem-estar de poucas classes sociais, mas que encontrou também alguma aplicação social. O Esoterismo sumério era constituído de diversos textos[9], subdivididos por assunto, ou seja, na utilização a que eram destinados. Os povos que posteriormente fixaram-se nessa terra, os babilônios e os caldeus, atingiram e desenvolveram os conceitos de seus predecessores, transformando-os e implementando-os no contexto de novos sistemas esotérico-religiosos.

No IV milênio a.C., no período conhecido como pré-dinástico, o Egito era constituído de duas unidades políticas independentes, que entraram para a História como o Alto Egito e o Baixo Egito. Ao redor do ano 3100 a.C., o mitológico faraó Aha (em grego Manes, o assim chamado "Rei Escorpião") submeteu os povos do delta do Nilo, prosseguindo em um trabalho iniciado já com Narmer e viabilizando a formação daquele império que tanto fascinou a humanidade e com ela tanto contribuiu. A religiosidade egípcia está entre as mais complexas do nosso passado, apresentando também correntes reformadoras monoteístas antigas, com o faraó Amenófis IV ou Akhenaton. O panteão de divindades era formado sobre uma rica Mitologia constituída de inúmeros locais e centenas de deuses, que freqüentemente assumiam aspectos zoomórficos. As chaves do saber, da Ciência, da religiosidade e do Esoterismo desse povo eram concentradas nas mãos de uma única casta, a sacerdotal, que desempenhou por milênios um papel fundamental no seio dessa cultura. Em incansável luta entre si, as castas sacerdotais consagradas aos diversos deuses detiveram por vários milênios as chaves da sabedoria egípcia, deixando-nos numerosos testemunhos de um conhecimento que as mais recentes descobertas tendem a nos mostrar como extremamente superior, a despeito de tudo quanto até hoje se acreditava. O Egito elaborou uma sociedade e uma cultura que jamais deixaram de im-

---

7. *Ao redor de 1400 a.C., constituiu a primeira forma de escrita chinesa; a décima segunda será o I Ching.*
8. *A respeito cf. A Heinrich (aos cuidados de),* Papyri Graecae Magicae, *Stuttgart, 1973.*
9. *O principal texto sumério era chamado* Surpu, *e conservava complexos rituais de purificação. Depois vinha o* Maqlù, *que era usado como importante antagonista da Magia negra. Por fim havia o* Bàtrimki, *cuja função principal era proteger o rei e os nobres das doenças, ou seja, de purificá-los. Cf. E. Gallo,* Magos, Xamãs e Bruxos, *Pieme, Milão, 2000.*

pressionar o mundo. Fundamentalmente, a religião egípcia caracterizou-se desde seus primórdios como religião esotérica por antonomásia, donde o ritualismo e o conhecimento, na sua parte essencial, eram sempre vedados aos olhos do povo. O mesmo templo egípcio, lugar de culto por excelência, estruturar-se-á sobre linhas totalmente diversas daquelas que se apresentam nos templos modernos. A moderna Igreja Católica, por exemplo, como qualquer outro lugar de culto das principais religiões, é uma estrutura fundamentalmente aberta a todos, dos crentes aos simples curiosos, enquanto no antigo templo egípcio os pagãos, ou seja, aqueles que não haviam sido iniciados em uma determinada casta sacerdotal ou culto, não poderiam entrar em qualquer parte do santuário, o que pressupunha a presença de uma *élite* de imensos poderes, quer espirituais, quer políticos.[10]

Nas *Leis*, Platão escreve, a propósito do povo egípcio, que: "desde os primórdios descobre-se nos egípcios a sabedoria que nós mesmos hoje proclamamos", como lembrança daquela continuidade e precocidade de conhecimentos que sempre marcaram essa cultura. O testemunho dessa antiga trajetória de sabedoria e cultura deixou-nos hoje magníficos palácios, os misteriosos hieróglifos, as estupendas pirâmides erigidas a partir de antigos conhecimentos baseados em um remoto saber. Platão mesmo nos testemunha a enorme cultura que detinha essa antiga civilização, narrando-nos que o sábio egípcio era um homem versado em todas as Artes e em todas as Ciências e que era considerado o "educador do gênero humano". Os antigos conhecimentos começaram a se desenvolver ou, pelo menos, a ser codificados, ao redor do ano 3000 a.C., formalizando-se e estruturando-se em um *corpus* cultural-esotérico, em linhas gerais inalterado no curso do tempo. Em 3100 a.C., pouco antes da unificação do Alto e do Baixo Egito, houve o aparecimento de uma das mais elaboradas escritas que o nosso passado conheceu: a hieroglífica. A sua sintaxe, sua gramática e sinais gráficos nasceram em uma forma já plenamente desenvolvida, ficando inalterados por sucessivos milênios.[11]

A partir de 2800 a.C., data em que o mito introduzia a misteriosa figura do arquiteto-sacerdote Imhotep, a História da humanidade sofreria um profundo Renascimento e assistiria ao descobrimento de determinados *valores* que constituiriam a base do futuro Esoterismo. Toth e Imhotep[12]

---

10. *É de se lembrar como os sacerdotes egípcios, além de desenvolverem as funções religiosas normais próprias de sua condição, eram ainda utilizados como conselheiros militares e políticos na gestão do Estado.*
11. *Durante a campanha napoleônica no Egito, foi descoberta Rashid (Rosetta), uma grande pedra em basalto sobre a qual vinha redigido um decreto de Ptolomeu IV, de 196 a.C., em três diferentes línguas: grego, hieroglífico e demótico (tardia grafia cursiva). Em 1822, Jean-François Champollion conseguiu decifrar os nomes de Ptolomeu e de Cleópatra, a partir dos quais começou a decifrar a misteriosa escrita egípcia.*
12. *Um homem genial, cuja figura coloca-se entre a História e a lenda, que ao redor de 2800 a.C. alçou às glórias futuras a civilização e a cultura egípcias.*

foram as figuras que influenciaram de modo mais significativo, até os tempos modernos, o imaginário comum a respeito dos antigos conhecimentos detidos por esse povo. Mas, com o fim do período *mítico*, a evolução cultural, social, esotérica e religiosa foi contraposta por novos ensinamentos, por novas *verdades*, como aquelas que foram instituídas durante o Novo Reinado (1567-1080 a.C.).[13]

A particularidade da cultura e do Esoterismo egípcio era seu tipo de transmissão. A característica fundamental era a tradição oral, sob forma de provérbios e de máximas. Em egípcio, a palavra "provérbio" possuía, de fato o significado de *palavra que voa,* como elas eram conhecidas desde as altas hierarquias sacerdotais até o povo. Esse duplo sentido deixa claro o significado *esotérico* e *exotérico* dessa antiga sabedoria. Mesmo que acessíveis a todos, mas, na forma escrita, apenas aos sacerdotes, as palavras que voam eram tidas pelas pessoas comuns como forma de ensinamentos sobre a vida, enquanto na forma utilizada pelos sacerdotes revelavam seu significado recôndito e escondido (esotérico). O ponto central, o fulcro das crenças e da religiosidade egípcias desenvolveu-se ao redor do conceito de morte e de Renascimento da alma, ou seja, da imortalidade. Segundo as crenças egípcias, o indivíduo possui um corpo físico, plasmado e ocupado por uma alma, o *ba*, e ainda por um espírito, o *ka*[14]. O *ka* era responsável pela vida depois da morte e era em sua honra que seu corpo era embalsamado, para que assim pudesse retomar-lhe a posse quando voltasse. O *ba* era a alma do defunto, representada nas antigas tumbas pela forma de uma cegonha negra gigante. Nos antigos documentos[15], o significado de *ba* é detalhadamente explicado pela sua Natureza mágica e metafísica: "sendo de essência divina, o *ba* possui um poder mágico que lhe permite assumir qualquer forma que seja. A força mágica de que é dotado faz ainda com que nenhuma Magia possa operar contra ele". A *sombra*, ou seja, o corpo privado do *ba*, tornava-se assim um invólucro vazio, enquanto a sua presença era capaz de sustentar a vida por meio de um poder que se mantinha no além-túmulo, assim como o morto o possuía na vida terrena.

A *Tanatologia*[16] envolveu-se profundamente nas práticas religiosas e esotéricas egípcias mas, ao mesmo tempo, também na Magia e nas prática iniciáticas e religiosas do antigo Egito. Os textos esotéricos da literatura

---

13. *Papiro nº 3204, estudado pelo egiptólogo tedesco Winfried Barta e posteriormente publicado na obra* Estrutura e Significado da Fórmula de Sacrifícios no Antigo Egito, *ed. Gluckstadt, 1968.*
14. *Este último era considerado uma espécie de espírito protetor que levava ao indivíduo felicidade e alegria. Cada faraó, escravo, homem livre e deus possuía o seu próprio Ka.*
15. *Papiro nº 3204, estudado pelo egiptólogo tedesco Winfried Barta e posteriormente publicado na obra* Estrutura e Significado da Fórmula de Sacrifícios no Antigo Egito, *ed. Gluckstadt, 1968.*
16. *Do grego* tanathos, *morte e* logos, *estudo, palavra, verbo.*

funerária como o *Livro dos Mortos* cumpriram por si só uma função ritual e mágica, como posteriormente encarregaram-se de fazer os feiticeiros medievais, reclamando e evocando os espíritos. Ao lado do notabilíssimo *Livro dos Mortos* existem, contudo, outros dois textos fundamentais, e não de menor importância, os *Textos das Pirâmides* e os *Textos dos Sarcófagos*[17]. Estes antigos textos apresentam-nos um dos mais antigos *corpus* esotérico-religioso que a História preservou. Em seu conteúdo eram codificadas fórmulas, rituais e conhecimentos que detinham o saber necessário para dar nova vida aos mortos e preservar o seu espírito e o seu poderio pelos séculos. Ermano Gallo[18], em um livro recente, exprime claramente o sentido do antigo saber egípcio:

> *Os reflexos do conhecimento são como os fragmentos de um espelho quebrado; a deformação cresce pelo fato de que cada estilhaço é considerado o todo. A iniciação é uma forma de recomposição cósmica que o homem persegue desde o início da civilização, na busca do saber universal.*

Não é pouco razoável afirmar hoje que o Egito deva ser considerado um dos centros primevos, senão o mais importante, em razão de seus antigos conhecimentos iniciáticos, cultos esotéricos e místicos, ritos secretos, práticas e tradições herméticas, o *levedo* desses fermentos ideológicos e culturais, que somente muitos séculos depois se desenvolveriam tão profundamente na Europa.

O governo teocrático egípcio formou-se e consolidou-se logo como elemento fundador da sociedade, constituindo ao mesmo tempo um liame circular entre as divindades e os seus emissários na Terra: o Faraó e seus sacerdotes. Esses últimos detinham em suas mãos um imenso poder. Se, de fato, por um lado, na qualidade de ministros do culto, representavam os depositários da suma sabedoria e dos conhecimentos de então, por outro lado muitos sacerdotes eram alçados à condição de fiéis conselheiros do palácio, aos quais eram reservadas altíssimas honras e aos quais freqüentemente apelava-se quando deviam tomar decisões importantes. Por tais motivos, no curso de milênios de História egípcia, a classe sacerdotal foi aquela que mais intensamente viveu as lutas internas do palácio, pois todos desejavam que conquistar aquela fatia de poder ou de respeito que acreditavam lhes coubesse. Durante seu próprio reinado, Akhenaton[19] criou a primeira modalidade religiosa monoteísta que a História conheceu, reservando à antiga casta sacerdotal um posto subalterno. Com a morte de Akhenaton, o governo foi

---

17. *Provenientes do período entre o antigo e o médio reinados, de 2600 a 1650 a.C.*
18. *E. Gallo,* Magos, Xamãs e Bruxos, *cit.*
19. *Conhecido ainda como Ekhnaton, chamado o faraó* erético *e ainda pai de Tut-ankh-amon.*

rapidamente assumido por seu extremamente jovem filho, Tut-ankh-aton, que logo mudaria o próprio nome para Tut-ankh-amon, depois de um breve período de governo provisório, então nas mãos de Smenkhara (ou Samenkhare).[20] O jovem faraó, que entrou para a História em razão de seus maravilhosos paramentos funerários, foi acompanhado desde a mais tenra idade por um conselheiro do palácio, e não menos grande sacerdote da corte: o futuro faraó Ay. Ao redor dessa ambígua figura, nos últimos decênios, muitos egiptólogos têm-se perdido sem entender o verdadeiro papel que ele poderia haver representado no mistério da morte do jovem faraó. Porém, um recente estudo, patrocinado pela *National Geographic Society*, conseguiu resolver o mistério indicando em Ay aquele que mais provavelmente matou Tut-ankh-amon. Isso permite-nos entender como a casta sacerdotal procurava continuamente o poder e a supremacia religioso-esotéricas no confronto com os outros cultos.

Vemos como o povo egípcio saiu da pré-História deixando repentinamente maravilhosos testemunhos de sua cultura. Portanto, somos freqüentemente tentados a associar esse dado ao fato de que essa terra poderia ter hospedado os últimos exilados de um antigo e evoluidíssimo continente antideluviano hoje desaparecido, a Atlântida de Platão, embora até hoje as evidências probatórias sob análise não parecem ainda estar perto de encontrá-lo.[21]

Os Povos Mediterrâneos

Os primeiros assentamentos humanos dos quais se tem notícia histórica na Itália remontam a vários milhares de anos, um período, segundo a arqueologia moderna, no qual algumas tribos provenientes da África setentrional começaram a imigrar para se instalar na zona meridional do país.

A Sicília foi um dos primeiros pontos de chegada desses colonizadores, a princípio nas zonas em que futuramente seria fundada a cidade de Agrigento. A lenta colonização da Itália levou à fundação de pequenas comunidades de caçadores e agricultores, que começaram a se estabelecer em diversas zonas de nossa península. No período que vai do VI ao III

---

20. *Por trás da figura de Smenkhara encerram-se ainda muitos mistérios. Diversos estudiosos afirmam que essa figura esconde um irmão ou um filho de Akhenaton, enquanto hipóteses recentes tendem a identificar esse misterioso personagem com a esposa Nefertite, que passou para a História por sua grande inteligência e beleza.*
21. *Se por uma lado é ainda difícil estabelecer correlações diretas entre os egípcios e o mítico povo de Atlântida, permanece como um mistério a origem dessa vastíssima cultura (sapiencial, arquitetônica, religiosa, esotérica, empreendedora, etc.) que esse povo manifestou desde suas origens históricas.*

milênio a.C., começaram a surgir as primeiras culturas neolíticas *evoluídas*, sobretudo entre a Chapada dos Puglie, ao sul, e a Val Camonica, ao norte, com o misterioso povo dos camúnios. O advento desses primeiros aglomerados humanos viabilizou uma progressiva estruturação da sociedade e um desenvolvimento inicial das formas religiosas, mágicas e esotéricas. Numerosas provas recordam-nos hoje a presença desses povos no interior de nosso território, documentos que de modo particular vieram dar confiabilidade a hastes calcificadas e inscrições sobre pedra. Os povos neolíticos italianos identificavam-se por apresentar inúmeras características semelhantes às de outros povos da região do Mediterrâneo e do Oriente próximo, como também fortes paralelos com as culturas do bronze, que lhe precederam com relação, sobretudo, às técnicas de organização agrícola, social, econômica e educacional. Exatamente na Idade do Bronze italiana desenvolveram-se três culturas diversas, em três zonas do país: a cultura nurágica, na Sardenha, que ainda parece manter muitos aspectos obscuros aos estudiosos, a cultura das palafitas, na planície padana, e a cultura apenínica no centro-sul da Itália. Precisamente a passagem da Idade do Bronze à Idade do Ferro constituiu para a península um momento de profundas mudanças e grandes inovações. Enquanto na zona centro-setentrional da Europa a cultura conhecida como a dos *campos das urnas*[22] diminuía o passo diante da mais articulada cultura de *Hallstatt*[23], na zona mediterrânea oriental a cultura indo-européia aplicava as mesmas políticas migratórias, alterando consideravelmente a Ordem e os panoramas sócio-políticos dos povos com que vivia em contato. Na Itália, nesse meio tempo, cessaram os relacionamentos entre a população localizada no centro-norte e aquelas da região do mar Egeu.

    Enquanto o espaço cultural mediterrâneo modificava-se na sua distribuição e nos seus relacionamentos, populações provenientes da região balcânica e da Europa central iniciaram a penetração por meio do limites (então inconcebíveis) da Itália, apossando-se das zonas surgidas junto ao Adriático e no centro-sul. Este período histórico apresenta-nos povos não mais estruturados sobre bases tribais, mas sobre uma organização social e cultural altamente evoluída. No primeiro milênio antes de Cristo, o mosaico dos povos italianos apresentava-se razoalvelmente articulado, com diversas culturas e inúmeros povos distribuídos por quase toda a península. Conforme

---

22. *Populações formadas na área do Danúbio das quais possuímos poucas informações, que tiveram um papel fundamental na criação da civilização alpina entre os fins do segundo milênio e o começo do primeiro antes de Cristo.*
23. *Trata-se de uma cultura desenvolvida no coração da Europa por volta de 700 a.C..A cultura de Hallstatt está entre as primeiras manifestações conhecidas do povo celta e deixou indícios de uma arte ornamental simples e retilínea, com variações geométricas elementares.*

afirmou o antropólogo Brian Fagan[24], "o ciclo de nascimento, morte e Renascimento está na base do pensamento antigo referente à criação". Em muitas sociedades agrícolas do nosso passado, entre as quais inclui-se obviamente a Itália, a terra era considerada feminina, fonte de vida e patrocinadora das colheitas. Desde a primeira manifestação da agricultura, e não antes, a visão do mundo passou a ser permeada pelo culto da deusa-mãe, a grande parteira, protetora e genitora da terra e das riquezas do mundo. A Antropologia cultural moderna demonstrou-nos amplamente que esse culto foi quase universalmente praticado pelos povos da mais remota Antiguidade[25]. Referências a um antiqüíssimo culto feminino ligado à deusa-mãe podem, por exemplo, ser encontradas já na literatura homérica.

Vale a pena recordar com atenção a difusa presença do culto à deusa-mãe também em algumas localidades do norte da Itália, como em Valtelina. Provas artísticas desses ritos primitivos têm sido repetidamente encontradas no território e entre essas destaca-se certamente a chamada Pedra Caven 3, uma lápide granítica de cerca de 50x80 centímetros, datada entre o terceiro e o segundo milênios a.C., que contém incisões rupestres atribuídas ao culto da deusa-mãe. Tal pedra foi descoberta, como as outras duas, em fevereiro de 1940, por ocasião da abertura de uma vinícola da propriedade da família Morelli-Rajna, localizada em Caven, nas proximidades de Telio (Sondrio), por Ordem dos Antognoli, que logo o comunicou aos proprietários. A dra. Maria Reggiani Rajna, moradora do lugar, constatou a importância dos fragmentos, atualmente conhecidos como Caven 1, Caven 2 e Caven 3, e considerados hoje a maior descoberta de arte pré-histórica em Valtelina. O importante estudo de Maria Reggiani Rajna (*Arte Pré-histórica em Valtelina. A Descoberta de Incisões sobre Pedra*, Tip. A. Cordani, Milano, 1941) vem apresentado pelo professor Guido Mazzoni, membro da Academia dos Liceus, para a Academia da Itália, no mesmo ano. A estudiosa elaborou, também como resultado da nova descoberta por ela realizada da pedra de Cornal (Télio), uma hipótese de trabalho ligada ao culto da deusa-mãe, em oposição àquela que vinha representada na pedra Caven 3 por um disco solar. Segundo Reggiani Rajna, é possível reconstruir um tipo de santuário dedicado à deusa, mesmo com relação a um percurso que reunisse novas e velhas provas, posteriormente acrescentadas às primeiras descobertas: *da virgem de Valgella* à triunfal *teogamia* de Caven, até a discreta e despojada *maternidade* de Cornal.

Atualmente, a hipótese da deusa-mãe pode ser rediscutida após os trabalhos de Mezzena sobre personagens das estátuas de Aosta e das de

---

24. B. Fagan, As Origens dos Deuses, Sperling e Kupfer, Milão, 2000.
25. *Gimbutas Marija*, The Civilization of Goddess: The World of Old Europe, *Harper Collins, San Francisco, 1991.*

Pedrotti sobre as estátuas-pedras do Trentino-Alto Adige: Mezzena imagina o culto dos heróis ou das divindades inserido em um panteão complexo; Pedrotti ressalta a comemoração dos defuntos ilustres por meio de imagens que adquiriram com o tempo significado divino. As pedras de Caven foram amplamente estudadas até recentemente (conforme demonstra *As Pedras dos Deuses. Menhir e Pedras da Idade do Cobre da Valcamônica e da Valtelina*, 1994; e, completando a lista, o artigo de Stefania Casini e Angelo Fossati, *As Pedras e as Massas Esculpidas de Valmônica e de Valtelina no Âmbito do Arco Alpino*). Maria Reggiani Rajna, por um acordo com a Superintendência de Bens Culturais e Artísticos, doou as pedras à Prefeitura de Télio, cuidando pessoalmente da criação do *Antiquário Tellinum*, rico museu de arte pré-histórica, visitável no palácio renascentista Besta de Télio (informações fornecidas por Tommaso Peruzzi Mazzoni, *n. d. a.*).

Por sua vez, Fagan recorda-nos que:

Quando os arqueólogos descobriram estatuetas femininas nas vilas agrícolas de toda a Ásia Ocidental, nas ilhas do Egeu e na Europa sul-oriental, recordaram o mito da deusa-mãe ancestral e utilizaram-no na interpretação dessas provas. Uma vez que agricultura e fertilidade andavam juntas, parecia lógico acrescentar uma Madre Terra, uma deusa-mãe, à equação.[26]

Recentes teorias têm, todavia, colocado em discussão esse antigo culto ao feminino, redimensionando-o e limitando-o apenas a determinados sítios culturais. A hipótese estabelecida que, já há alguns anos, parecia escandalizar o mundo acadêmico, apresentava-nos efetivamente um cenário um tanto sugestivo, no qual o culto ao feminino proveniente do último período glacial identificava em si mesmo uma civilização de tipo matriarcal, na qual vigorou uma paz e uma igualdade equivalentes apenas àquelas dos mitos da legendária *idade do ouro*.[27] Esse período de prosperidade e de paz encontrou o seu fim ao redor de 3500 a.C., quando um povo guerreiro proveniente do Mar Negro, presumivelmente os citas, suplantaram essa cultura com o objetivo de instaurar outra de tipo patriarcal, guerreira e sectária. Hoje se considera mais plausível que o culto da deusa-mãe haveria dessa maneira constituído uma etapa fundamental no desenvolvimento de muitos povos da Antiguidade, embora não fosse um elemento tão integrado na religiosidade e na espiritualidade do mundo antigo. Encontrando-nos quase totalmente na ausência de provas objetivas, senão as estátuas que nos recordam essas antigas figuras femininas, estudiosos como Fagan têm redimensionado essas teses, conjecturando que o culto à deusa-mãe teria sido baseado inteiramente

---

26. B. Fagan, cit., p. 61.
27. Marija Gimbutas, op. cit.

na subjetividade interpretativa dos estudiosos, ou talvez sobre uma análise crítica dos insuficientes indícios provenientes da Antiguidade. Duas posições diametralmente opostas que, de qualquer modo, demonstram como apenas com os meios da atual Ciência, enfatizados por uma disposição derivada de um antropocentrismo egocêntrico, próprio da nossa cultura, existem ainda hoje grandes interrogações sobre a verdadeira espiritualidade característica das origens históricas de nossa civilização. O estudo do Esoterismo e das religiões ancestrais baseia-se de fato quase unicamente sobre o estudo da antiga iconografia e do simbolismo a ela relacionado. Uma classificação e um estudo moderno dessas formas religiosas prescinde daqueles que foram os reais contextos em que se desenvolveu, delineando-se mais que qualquer outro como um processo de *engenharia reversa* realizado sobre provas desconhecidas. Isso significa, como nos recorda sempre Fagan[28], que devemos enquadrar a iconografia esotérico-religiosa em três contextos científicos principais: em primeiro lugar, cada objeto que representa essa iconografia deve ser datado com a máxima precisão possível; depois, o estudioso ou o arqueólogo que efetuou a escavação ou que encontrou a prova "deve estabelecer o contexto espacial preciso de cada objeto"[29], e, enfim, o terceiro contexto científico é aquele da associação social.[30] Trata-se de uma modalidade de estudo aparentemente pouco gratificante, pois é baseada sobre a lenta e progressiva investigação e correlação de dados, mas pode permitir melhor compreender a cultura que nos encontramos a estudar.

A Magna Grécia

O núcleo primordial da civilização da Itália meridional, bem como de parte da cultura de toda a Europa, encaminha-se todavia a um amoldamento em torno de um dos mais fascinantes impérios que a História conhece: a Magna Grécia. Conhecida na Antiguidade com o nome de *Megale Hellas*, a Magna Grécia passou a representar em um dado momento uma colonização tão prolífica quanto inovadora em comparação às diferentes culturas que os povos[31] de origem grega trouxeram ao país. Os novos assentamentos tiveram origem em importantes razões, tanto econômicas quanto políticas. Os motivos que conduziram os antigos gregos a conquistar o sul da Itália entre os séculos VIII e V a.C. são de fato bastante elaborados e complexos. A expansão dos povos do Egeu para o ocidente foi causada em

---

28. *B. Fagan*, op. cit.
29. *Fagan*, op. cit., *p.63*.
30. *Por exemplo, qual era o aspecto da sociedade na qual era encontrado determinado objeto.*
31. *Como os dóricos, os jônios, os aqueus, os eubeus e os calcideses.*

parte pelo fato de que os territórios italianos eram conhecidos já desde o segundo milênio antes de Cristo, por meio das trocas comerciais que os micênios haviam interrompido com o sul da Itália e que posteriormente conduziram ao surgimento dos portos comerciais e das primeiras *poleis coloniali*[32], bases logísticas das futuras colonizações. As verdadeiras razões das posteriores colonizações gregas devem, pois, ser investigadas nas grandes mudanças que foram determinadas pela queda da civilização micênica, causada pela invasão dos dóricos e de outros povos. À destruição da cultura micênica fez-se seguir uma fase de profunda transformação[33], que antecipou o grande crescimento do século VIII a.C. A principal novidade que se pode observar referiu-se às grandes mudanças impostas pela passagem de uma economia predominantemente agrícola-pastoral, a uma economia baseada fundamentalmente sobre a troca e o comércio, que teve como resultado um gradual abandono das terras, favorecendo as cidades. Os relacionamentos comerciais floriram em toda a bacia do Mediterrâneo, transformando a Grécia em um dos maiores centros de exportação e de comércio[34] que o mundo antigo já conheceu. As relações comerciais internas com a região do Mediterrâneo foram numerosas e de fecundidade intensa, mas até então a competição[35] era um dos elementos que os gregos não podiam evitar enfrentar. A colonização do sul da Itália nesse tempo não foi pacífica e isenta de contendas, como se poderia acreditar, sobretudo com os povos que habitavam então a costa meridional e contra quem os gregos teriam ainda de se confrontar inúmeras vezes. A aproximação desses novos invasores tinha em vista, entretanto, o mínimo de prejuízo possível, procurando instaurar relações pacíficas com os *indígenas*, e chegando em vários casos a absorver diretamente as populações autóctones. Por essas razões, os historiadores acreditam que a cultura que se desenvolveu na Magna Grécia era extremamente rica de cores, nas suas diversas regiões. A convivência no continente europeu de vários povos implicou inevitavelmente na introdução de novas doutrinas religiosas e místicas, tão numerosas no panorama grego, muitas das quais foram transplantadas diretamente para a Itália. Conhecemos hoje a Grécia antiga por meio da vastíssima cultura que produziu no curso de vários séculos, daquele *espírito clássico* que de tal forma impregnou a mente dos antigos que perdurou como um mito e um dogma invioláveis por quase um milênio. Como não lembrar

---

32. Literalmente "cidade colonial", ou seja, centros urbanos formados principalmente a partir das trocas comerciais e como porto seguro e posteriormente transformados em verdadeiras cidades.
33. *Transformação que recebeu o nome de* civilização geométrica.
34. *Principalmente vasilhames e produtos artesanais ligados à indústria de peças de argila, mas também vinho e óleo.*
35. *Os prevaleciam fenícios e cartagineses e posteriormente transformaram-se nos principais inimigos da Magna Grécia e da Sicília.*

aquela filosofia aristotélica que tanto esclareceu-nos a respeito do mundo, que fez que perdurassem suas idéias até o advento dos novos pensadores, que só com Galileu ressurgiram de modo a se impor no cenário científico? A Grécia é considerada ainda hoje a antiga pátria do gosto pelo belo, da harmonia e daqueles sentimentos de equilíbrio que tanto influenciaram as antigas filosofias. Na realidade existem poucas nações antigas nas quais o Esoterismo e as religiões místicas proliferaram como na antiga Grécia, e como nos recordou no século passado o grande filósofo Nietzsche, "ao lado do espírito apolíneo floresce o espírito dionisíaco em suas várias formas".

Cuma foi a primeira colônia do Ocidente fundada a partir da imigração grega. Os primeiros fluxos provenientes da Eubéia, oriundos das cidades de Erétria e Cálcides (Erethria e Cálcis), chegaram juntos, em 770 a.c., às proximidades da atual Ísquia (antigamente denominada Pitecusa), onde estabeleceram o primeiro núcleo comercial conhecido, como também na misteriosa Cuma[36], durante a segunda metade do século VIII a.C.

Segundo aquilo que nos foi transmitido pelas tradições antigas, os povos autóctones foram em grande parte incorporados ou, em alguns casos, eliminados pela nova ascenção italiana da cultura grega. Os primeiros documentos escritos foram resgatados em Pitecusa, no interior de ânforas de terracota, e remontam indicativamente ao mesmo período. Tais sinais foram encontrados gravados nos vasos, com desenhos que reproduziam o deus Baco e a deusa Hera (posteriormente transformada em Juno), durante momentos daqueles cultos misteriosos a eles dedicados. Entre fins do século VIII e a primeira metade do século VII, no sul, foram fundadas novas cidades como Síbare e como a maravilhosa Paestum (Pseidônia)[37], do lado dos aqueus. A influência cultural helênica far-se-á assim, radicar profundamente na antiga Itália meridional, influenciando e moldando pelos séculos seguintes estudiosos e filósofos. A emigração da Élade comportou ainda uma difusão e penetração na nossa península das antigas escolas místicas.

Com tais definições referimo-nos a particulares formas de culto mediado por uma ou mais divindades, não plenamente conhecidas e institucionalizadas, mais individualizadas e praticadas por grupos restritos, diferenciadas da religião pública da pessoal, mas geralmente não contrapostas a essa, caracterizadas pela sabedoria e por precisas conotações rituais, a cuja adesão exigia-se um rito de iniciação.

---

36. *Cf. Strabone V, 247.*
37. *Destruída pelos crotonenses com a ajuda de Pitágoras e reerguida em 452 a.C.*

Assim, a estudiosa Marcella Farioli apontou, em seu recente trabalho[38], que esses movimentos místicos[39] inicialmente na Grécia e depois na Itália, constituíram os elementos fundadores do misticismo e da religiosidade helênica. As religiões místicas diferenciam-se entre si pelos ensinamentos e a doutrina professada, em períodos diferentes e em sítios geográficos distantes, mas são todas semelhantes nos elementos comuns mais significativos, que as distinguem profundamente das religiões comuns, identificando-se ao longo dos séculos por seus específicos, se bem que heterogêneos, elementos ritualísticos e sapienciais, sendo assinaladas como *religiões místicas*. Como a própria Farioli sublinha, o termo religião pode ser usado apenas convencionalmente, pois que com tal vocábulo tende-se a identificar "uma adesão plena e total a uma fé exclusiva",[40] fato esse que, ao contrário, não aparece nos cultos místicos, "de nenhuma forma incompatíveis e inconciliáveis com a fé em outra divindade".

A gênese desses diferentes cultos está entre as mais heterogêneas. Muitos tiveram origem na Grécia antiga, enquanto outros foram importados diretamente do oriente, mas todos confluíram inexoravelmente para o mundo romano, plasmando-o e influenciando-se em meio aos muitos cultos acolhidos durante o império. Enfim, com relação às suas origens, geralmente falta um "profeta" ou um "mestre" que assuma o papel de fundador, e na maioria das vezes referimo-nos a tradições ou a conhecimentos que posteriormente foram elevados ao grau de culto místico.

Uma breve panorâmica das características dos cultos místicos nos permitirá compreender a fundo a sua essência como também as motivações que foram as bases dos caracteres tão enigmáticos desses ritos.

Antes de tudo, o primeiro fator, ou seja, o elemento mais importante e comum a todas as religiões místicas, refere-se à tipologia por meio da qual era possível nelas ingressar. A possibilidade de se ser aceito no contexto de qualquer culto místico era efetivamente vinculada a uma cerimônia iniciática, extremamente comum em muitos ritos da Antiguidade, que se constituía como condição irrevogável para que se pudesse ser aceito à plena participação e comunhão dos segredos do rito.

Como vimos antes em outros contextos, essa condição constituía um tipo de *filtro social* mediante o qual apenas um restrito grupo de indivíduos

---

38. M. Farioli, As Religiões Místicas, *Xènia, Milão, 1998*.
39. *Mistérios, ou* mysteria: *trata-se de cultos secretos à divindade, aos quais eram acrescentados ensinamentos religiosos, filosóficos, políticos, com muitas cerimônias simbólicas. Seu escopo fundamental era o gradual aperfeiçoamento do indivíduo por meio dos vários graus de iniciação. Símbolos sagrados eram a arca mística, o archote, a bebida nos mistérios de Deméter, a serpente e o touro, nos dionisíacos e o sistro, nos mistérios de Ísis. Os principais mistérios celebrados na Grécia eram as eleusinos, as festas sagradas dos cábiros, que se celebravam na Samotrácia, os mistérios de Zeus e Creta, os mistérios de Cibele, de Ísis e de Mitra, e os mistérios órficos.*
40. M. Farioli, op. cit.

podia ter acesso aos mistérios do culto. Geralmente, porém, à exceção dos cultos místicos com os quais nos depararemos depois, o acesso não era regulado por condições de classe ou de sexo, mas pelas características próprias do indivíduo e pela sua inclinação para o sagrado, constituindo, assim, uma modalidade de subterrâneo paralelo na sociedade em que tal culto era presente.

Como Farioli ressalta:

As motivações que estão na base desse caráter enigmático e oculto são múltiplas; sua justificação teórica reside em uma convenção, difundida entre os antigos, segundo a qual a verdade se aprende apenas por meio do empenho e do esforço, razão pela qual deve-se procurar não simplesmente dividi-la com outros facilmente, nem tampouco revelá-la de maneira totalmente clara e compreensível. Além disso, uma vez que a verdade é divina, nem todos os homens são dignos de aprendê-la: as provas que fazem parte do rito iniciático terão, portanto, a função de fazer conhecer a boa-fé e a seriedade do empenho daquele que se submete.[41]

Tanto Téo de Esmirna[42], filósofo neoplatônico do século II a.C., quanto Olimpiodoro[43] discorreram sobre os diversos graus de iniciação presentes na maior parte das religiões místicas dos tempos antigos. Téo define cinco graus iniciáticos essenciais no caminho da iluminação. O primeiro é caracterizado pela purificação preliminar do sujeito com o intuito de conduzi-lo por uma iniciação livre de mácula. Tal purificação ocorre por meio de vários níveis de complexidade, alguns dos quais eram, antigamente, constituídos por *abstinências* (como no caso da sexualidade ou do consumo de determinados alimentos), a que se seguiam privações e penitências, para terminar em cerimônias ritualílticas nas quais se faziam abluções, invocações, orações e danças sagradas.[44] Seguia-se uma verdadeira iniciação, dita *myesis*, por meio de rituais que geralmente eram celebrados por um sacerdote[45] ou por um ministro de culto. A iniciação tinha o escopo de instaurar um canal preferencial

---

41. Ibidem.
42. *Téo foi filósofo, matemático e astrônomo grego. Na obra* Noções Matemáticas Úteis à Leitura de Platão, *sob influência da escola pitagórica, considerou os estudos matemáticos fundamentais para a obtenção da verdade, sendo subdivididos nos cinco graus da aritmética, geometria, Astronomia, música e estereometria (cf. www.matematicamente.it).*
43. Autor dos Comentários ao Fédon de Platão.
44. *A função tanto simbólica quanto* psicológica *das danças e da música é universalmente reconhecida em muitos cultos. No momento em que o deus incorporava-se no iniciado, o* enthusiasmus *(gr.), uma nova percepção do mundo era manifestada ao transfigurado. A utilização de sons e instrumentos musicais favorecia a obtenção desse estado alterado de consciência.*
45. *Figura que geralmente diferia de um culto para outro, com base no respectivo ritualismo.*

entre o adepto e o deus e de favorecer uma união mística entre eles. Tal iniciação podia se apresentar em diversas modalidades, com verdadeiros e próprios ritos que envolviam *totalmente* o sujeito, ou ainda por meio de simples banquetes nos quais o adepto tinha-lhe *transmitida* a consciência iniciática por meio de um *ágape* ritual. A fase seguinte do rito iniciático era constituída pela *visão* (do grego *epoptéia*) do deus que presidia a essas singulares cerimônias, ao qual se seguia o último grau iniciático no caminho da iluminação: a união com a divindade.

Entre os mais antigos cultos de que a península helênica e a itálica recordam-se encontramos aqueles de Dionísio, o Baco do futuro Império Romano. O estudioso Charles Autran[46] acredita remontarem as origens desse culto totalmente ao período pré-helênico, atribuindo-lhe um substrato indo-ariano e fazendo derivar o nome Dionísio de Div-na-aosha, que foi o deus ariano da *bebida da mortalidade*, junto com aqueles que se sentaram ao lado da deusa-mãe, como elemento comum anteriormente observado nos antigos cultos neolíticos. A hipótese de Autran parece ser muito sugestiva, mas até hoje não existem descobertas objetivas que possam provar sua veracidade.

Alguns estudiosos[47] têm distinguido a presença de fortes influências místicas egípcias no seio desse culto helênico. A comparação de Dionísio e Deméter com a cópia egípcia de Osíris-Ísis parece quase descartada por estudiosos como S. Hutin[48], que cogitam da possível interpenetração entre essas divindades do Nilo no contexto do antigo panorama cultural grego. Ao mesmo tempo vislumbramos a presença de diversos elementos culturais provavelmente importados de religiões da Ásia Menor. Exatamente nesse último contexto os dados históricos hoje em nosso poder indicam-nos como existiram, em todas as partes do mundo helênico, os *tiasi*, ou seja associações secretas ou colégios voltados à celebração e à glorificação de Dionísio. O atual panorama antropológico reconhece nesses antigos cultos o eco prolongado de ritos agrários representativos da celebração da renovação da terra, culto marcado todavia pela profunda presença de fatores sexuais, de sacrifícios cruéis e de práticas mágicas. Como recorda Hutin:

> Análogos a esses mistérios dionisíacos eram aqueles de Sabásio e de sua companheira Ansitis, com um ritual semelhante àquele dos mistérios frígios de Átis e Cibele, cuja influência deveria depois ser muito grande sobre o paganismo romano.[49]

---

46. C. *Autran*, Mitra, Zoroastre et la Préhistoire Aryenne du Christianisme, avec Vingt-trois Illustrations hors Texte, *Payot, Paris, 1935.*
47. S. *Hutin*, A Sociedade Secreta, *Garzanti, Milão, 1955.*
48. Ibidem.
49. Ibidem.

No culto dionisíaco, os fiéis reviviam o destino do deus, representando sua trágica História e aproximando-se de alcançar o estado de êxtase ou de exaltação mística. A iniciação era constituída por um jejum prolongado de dez dias, ao qual se fazia seguir um batismo purificador, um riquíssimo banquete e, enfim, a possibilidade de entrar na *Sancta Santorum* do templo. Os indícios desses ritos hoje na Itália podem remontar à região de Pompéia, antiga cidade conservada em seu esplendor, na qual, sobre os muros de uma vila do século I a.C., conhecida como Vila dos Mistérios, foram descobertas quatro cenas do culto dionisíaco. A cerimônia era composta por diversos personagens com funções bem definidas, entre as quais o sacerdote, o falóforo (o portador do falo), o portador do leite e o portador do archote. No curso de tais cerimônias, os condutores (ou seja, as mulheres iniciadas) e os homens vestiam-se de maneiras um tanto sugestiva, como lembrança da Natureza silvestre de tais deuses. Bailes extenuantes, música obsessiva e a utilização de bebidas inebriantes representavam um papel fundamental na espasmódica procura de um estado de êxtase e de contato com o divino. Alcançado o ápice, os oficiantes partiam em pedaços com as mãos nuas um animal da oferenda para comer sua carne crua. Efetuado tal rito macabro, os participantes *sentiam* haver entrado em plena comunhão com o deus.

Ao lado dos misteriosos ritos dionisíacos, tanto na Itália meridional como na Grécia, foi incorporado por outros um caráter mais *oficial*, consagrado à deusa Deméter, ou seja, aos mistérios de Elêusis[50]. Surgidos e oficializados principalmente nas cercanias de Atenas, os mistérios eleusinos celebraram a divina união entre Zeus e Deméter, místico consórcio entre céu e terra como prova do místico pacto a salvaguardar e sustentar a fecundidade da Natureza. Como muitos mistérios da Antiguidade, a porção ritual dessa mística não se exauria unicamente na fonte sapiencial e de ensinamentos, mas se traduzia ainda por meio de espetáculos nos quais o núcleo era a evocação do sacro matrimônio de Deméter com Zeus. O culto em que Elêusis prestava-se a Deméter e a Perséfone tinha caráter místico e secreto: quem desejava participar deles deveria ser iniciado por meio de ritos arcanos que não podiam ser revelados. Ao culto das duas deusas somou-se pois, ainda o de Dionísio. As solenidades eleusinas dividiam-se em festas da primavera, ou Pequenas Eleusinas, e festas outonais, ou Grandes Eleusinas, que duravam nove dias e que consistiam em procissões, representações, festas noturnas e celebrações simbólicas, tudo concentrado ao redor da doutrina da imortalidade da alma e do Renascimento da vida após

---

50. *Elêusis foi a principal cidade da Ática, depois de Atenas, a ser anexada à via sacra, durante cerca de dois mil anos, e ao longo da qual encontravam-se templos e tumbas. Era célebre pelos santuários de* Deméter *e de* Perséfone, *onde se celebravam os mistérios eleusinos.*

a morte. Os iniciados dividiam-se em duas categorias: *mystai*, que eram iniciados tão somente nos mistérios menores, e *epoptai*, iniciados também nos mistérios maiores. O senhor dos mistérios era o *hierofante*, e os seus ajudantes eram o *daduco*, o *hierocerício* e o *epibômio*.

Os últimos, mas não menos importantes, foram dois outros cultos místicos trazidos das antigas terras helênicas para o sul da Itália. Estamos falando dos mistérios órficos, hoje mais conhecidos que os outros cultos antigos. Os mistérios órficos concentraram-se ao redor da figura do fundador do culto a Orfeu[51], que, segundo o mito, por ter-se oposto aos bacantes e a seus ritos orgiásticos[52], foi feito em pedaços. Zagreu[53], figura paralela à de Dionísio, foi uma das principais divindades do culto órfico, da mesma forma feito em pedaços por titãs, de quem guardaram o coração e que veio posteriormente a ressuscitar graças à intervenção divina de Zeus. O tema do coração como fator de Renascimento para uma nova vida é conceitualmente semelhante ao da imortalidade egípcia; o coração constituía de fato o único órgão que era deixado dentro do corpo da múmia pelo significado inerente à imortalidade do defunto.O mito de Zagreu possui, por outro lado, fortes ligações com a tradição osírica egípcia, bem como com a morte e posterior Renascimento do deus egípcio.

A cosmogonia adotada por esse culto imita, em muitos de seus aspectos, as antigas doutrinas místicas egípcia e indiana. "Vede a noite produzindo a esfera do mundo, cujas duas metades formam o céu e a terra, e donde nasce o herói luminoso, princípio de vida"[54], escreveu Hutin. Um ponto nodal que seduziu sempre o interesse sobre esse culto focaliza-se, todavia, sobre doutrinas alusivas à saúde da alma no contexto amplo de uma visão da vida como um ciclo contínuo de nascimento e morte. Mesmo nessa

---

51. *Orfeu*, Orpheus, *foi um poeta mítico de origem trácia. Segundo algumas fontes, filho de Eagro e da ninfa Calíope, segundo outros, filho de Apolo e Clio, era também esposo da ninfa Eurídice. Narra o mito que o seu canto comovia as pedras e amansava os animais ferozes. Acompanhou os argonautas na busca do caminho do ouro. Foi dilacerado pelas mulheres da Trácia porque se opunha às orgias bacantes. Foi ainda considerado o fundador do Orfismo, religião mística que teve grande difusão e segundo a qual a alma, durante a vida, vinha presa ao corpo como a um cárcere; por meio da iniciação, da piedade, do êxtase, do jejum e da observação dos ritos podia purificar-se de modo a encontrar graça no Hades e voltar a ser divina.*

52. *Nas cerimônias e nas festas religiosas constituía um ato místico de êxtase sagrado, que se expressava por meio de cerimônias numerosas e danças desenfreadas, quase de divina loucura. As orgias eram rotineiras, especialmente no culto de Dionísio, e freqüentemente davam lugar a excessos e devassidão. Os iniciados, seminus e coroados com hera, corriam pela via aos gritos de "evoé", sacudindo os bastões e fazendo uma grande balbúrdia. Orgiásticos chamavam-se os participantes de tais cerimônias, e orgiofantes os sacerdotes que as presidiam.*

53. *Zagreu foi a principal divindade do culto órfico. Filho de Zeus e Perséfone, tinha a cabeça de um touro.*

54. *S. Hutin,* op. cit.*(55)*

vertente ficam claras as influências orientais, ou indianas, que vemos inseridas no contexto do Orfismo, ou seja, a teoria da metempsicose. A alma era, de fato, vista como uma forma superior, irremediavelmente enclausurada na prisão corporal e obrigada a transmigrar continuamente de um ser a outro, em um ciclo sem fim de purificação e expiação. O rito órfico desempenhava nesse contexto um papel essencial, por meio do qual acreditava-se que fosse possível interromper o ciclo perpétuo. A iniciação nesse culto místico, unida à abstinência e à renúncia material, absorvia as funções purificadoras nas lutas da alma do iniciado. Gernet e Boulanger, em um texto que hoje é tido como insubstituível,[55] fornecem uma clara explicação sobre a origem dessas crenças e desses ritos:

> *Os homens descendem dos titãs, nasceram das cinzas desses inimigos de Deus, fulminados por Zeus como punição por seu delito; em conseqüência, a sua Natureza comporta um elemento perverso, algumas vezes designado como terrestre. Mas ela comporta ainda um elemento divino ou celeste, porque os titãs haviam devorado o filho de Zeus. Sem admitir formalmente a noção de queda ou pecado original, esse dualismo atesta a idéia de uma mácula na espécie humana e propõe, em tais termos, os elementos do problema da salvação... O ciclo sem fim dos renascimentos é a eternidade da dor; trata-se de se liberar, e essa liberação é o objetivo da vida órfica.*[56]

A expiação, a renúncia, o sofrimento e uma vida orientada para a ascese fizeram do Orfismo uma contrapartida européia das filosofias indianas, transformando e introduzindo na Itália novos conceitos que não sobreviveriam, todavia, à fúria destruidora do tempo e do homem. O Orfismo parece também haver influenciado um grande filósofo de nosso passado,[57] Platão, levando diversos autores a cogitarem que o famoso Mito da Caverna[58] pudesse constituir a narração de uma iniciação praticada por uma seita órfica da qual Platão fazia parte.

Quando os cultos órficos radicaram-se profundamente no *húmus* cultural da Itália, uma nova forma de religião mística começou a se manifestar na península, contrastando posteriormente o diversificado panorama esotérico-cultural do país: o Pitagorismo. Estreitamente ligado ao Orfismo, a origem desse culto religioso remonta diretamente ao grande sábio Pitágoras, homem de profunda Ciência mas também de grande espiritualidade. Antes de avançar mais profundamente no contexto da ritualidade e em alguns mistérios do Pitagorismo, mostraremos como tal culto manifestou-se desde

---

55. *L. Gernet – A. Boulanger (pref. De H. Berr),* Génie Grec dans la Religion, *Renaissance du Livre, Paris, 1932.*
56. Ibidem.
57. *Ao menos segundo Hutin.*
58. *Presente na* República *de Platão.*

seus primórdios, apresentando fortíssima relação com a Maçonaria moderna, e mais ainda com a histórica,[59] até o ponto de levar alguns estudiosos a cogitarem que se tratava de uma derivação desses mistérios.

O culto pitagórico deu origem a especulações extremamente diversas, que iam desde reflexões sobre misticismo, de modo particular a Numerologia, para abraçar as Ciências propriamente ditas, até se entranhar profundamente na política. A *irmandade* pitagórica, como tem sido conhecida, assume um papel de notável prestígio na Itália, chegando realmente a administrar, em diversas cidades italianas e da Sicília, a *res publica,* ou seja, a governar.

Estas correntes filosófico-místicas marcaram profundamente nossa península a um tal ponto que o futuro Império Romano chegou a dominar totalmente os diversos rituais e as diferentes crenças de tais ritos. O papel proeminente em todas as cerimônias místicas foi, contudo, desempenhado não tanto pelo ritual mas pelo estado emocional que era suscitado no adepto. Em muitos dos cultos e movimentos esotéricos que se sucederam uns aos outros, como também em todo o mundo mediterrâneo, o plano psicológico era o principal, por meio do qual era possível viver e conhecer a verdadeira iluminação. Por intermédio da utilização de substâncias psicotrópicas, o encontro entre o homem e Deus podia ocorrer por meio de uma consistente modificação interior, uma abertura psicológica do sujeito para um novo plano de consciência. "A forte ação psicológica exercida pelos cultos místicos residia em sua dupla Natureza, em que se alternavam medo e felicidade35 – afirma Farioli. – 35Uma boa parte dos rituais utilizados nas iniciações são voltados a suscitar confusão e até mesmo o verdadeiro terror, com o fim último de tornar o mais evidente possível o alívio que se segue a essas provas." O forte contraste que a psique suportava, desde os momentos de puro terror até aqueles de reconquista da felicidade, representava o difícil caminho interior de morte e Renascimento, de perdição e de posterior iluminação.

Os Etruscos, O Povo do Mistério

O mistério que há milênios envolve os rasenas, o "povo do mar", continua ainda hoje a fomentar discussões entre os estudiosos de todo o mundo. Nesta etnia de misteriosas origens (segundo a tradição antiga, ela seria proveniente da Lídia – que conserva o homófono nome feminino autóctone ainda hoje mais usado em Emília-Romanha, Toscana, Úmbria e Lazio - mas não se exclui que essa última fosse também uma colônia sua), a espiritualidade e o Esoterismo tiveram o contraponto de um profundo

---

59. *A maçonaria que em 1717 se tornou pública.*

individualismo, de uma clara propensão para o místico, como também de uma cultura fortemente pessimista. Grande destaque tiveram os cultos funerários, os contatos com o além e a crença na possibilidade de existir uma forma de se continuar a viver mesmo após a morte. A religião, e depois o Esoterismo dos etruscos, representaram na Itália alguns momentos de originalidade sem igual no mundo conhecido, mostrando também notáveis ligações com rituais e crenças provindos do Oriente. Talvez seja por tais motivos que entre as várias estirpes italianas esse povo será sempre considerado "estrangeiro".

A etruscologia tem buscado, principalmente no século XX, tornar mais completo esse enorme *hiato* cognoscitivo mediante uma atenta e minuciosa análise das fontes, das provas e dos dados provenientes das escavações arqueológicas. Tais investigações não são, porém, capazes ainda hoje de trazer luz sobre esses enigmas, nem de preencher as lacunas a respeito das verdadeiras origens desse povo[60] e sobre sua misteriosa escrita. Entre as várias hipóteses sobre sua pátria originária, supõe-se que pudessem ter vindo da Ásia Menor, como também da Europa central, chegando-se a considerá-los como os descendentes de uma civilização italiana autóctone pré-existente: os vilanovianos. A etruscologia tem procurado resolver esses problemas utilizando os dados obtidos de múltiplas disciplinas, por exemplo, a Arqueologia, mas sobretudo procurando compreender esse povo por meio dos relatos dos antigos autores clássicos [61], que nos legaram usos, costumes, cultura e espiritualidade.

Os etruscos aportaram pela primeira vez na região mediterrânea ao redor do século X a.C., estabelecendo-se provavelmente na zona central da Itália. As primeiras colônias foram erigidas na faixa litorânea da costa ocidental (principalmente na alta costa de Lázio e da Toscana), mas rapidamente a ascensão etrusca conduziu a um fecundo florescimento de cidades e colônias urbanas nos interiores da península. O surgimento desses centros populacionais assinalou uma etapa extremamente importante para o futuro desenvolvimento e crescimento cultural e político do país.

> *Enquanto o Mediterrâneo oriental oferece-nos o espetáculo das mais brilhantes civilizações que a Terra já conheceu... enquanto o Egito, Creta, a Grécia, a Mesopotâmia ascendem a um grau de cultura e riqueza que nos deixa pasmos, a terra italiana permanece perdida na noite da pré-História.*

---

60. *Segundo o estudioso Massimo Pallottino, o povo etrusco deveria ser considerado autóctone da própria Etrúria e não proveniente de outras terras, como muitos estudiosos têm proposto nas últimas décadas e ainda hoje, uma hipótese válida, mas ainda carente de dados probatórios objetivos.*
61. *Gregos e latinos.*

Assim, Alain Hus[62] comenta o panorama italiano antes do advento dos etruscos. E prossegue:

> *No momento em que o Oriente investe sua riqueza nos templos e nos palácios de Luxor e de Cnossos, o homem italiano esconde-se nas cavernas. No momento em que o Oriente nutre-se de quitutes raros e refinados, veste-se com tecidos suntuosos, orna-se com jóias reluzentes, o homem do Ocidente, coberto por peles de animais, perambula de barriga vazia, à caça de animais selvagens.*

Um quadro um tanto sugestivo da grande dicotomia que era possível observar entre o Oriente civilizado e o Ocidente ainda imerso em um ambiente pós-pré-histórico.

A chegada dos etruscos a solo italiano realizou, portanto, aquela revolução cultural e social que tantos frutos gerou nos séculos seguintes. Os conhecimentos e as técnicas que detinham esses imigrantes permitiram-lhes impor-se como único modelo dentro do variado mosaico de povos pré-históricos que habitavam o país. O desenvolvimento e a ascensão desta civilização não aconteceram, contudo, imediatamente após fixarem-se na Itália, mas no curso dos dois séculos seguintes, ou seja, entre os séculos X e VIII a.C., com a construção de belíssimas cidades e da estruturação de importantes relações comerciais. As primeiras colônias de que se tem notícia foram construídas na maravilhosa cidadela de Tarquínia, talvez a mais antiga dentre todas as cidades etruscas, mas bem rapidamente foram fundadas outras cidades, como Veio, Caera, Vetulônia, Vulci, etc.

No tardio florescer dos povos italianos, os etruscos constituíram uma ponte fundamental para o futuro desenvolvimento de novos impérios e novas idéias. O avanço costa adentro foi rapidamente equiparado a uma conquista territorial direta pelo interior, com uma conseqüente expulsão, ou absorção, dos vários povos autóctones que se contrapunham ao avanço etrusco e à posterior formação de novos centros urbanos, como Perúgia, Cortona, Chiusi, Volsinii, etc.

Mas, se o território da Itália central é ricamente disseminado com antigos indícios, e não obstante as incontáveis afirmações que os poetas e os historiadores gregos fizeram, o estudo e o conhecimento atual da religiosidade etrusca apresentam-nos numerosas lacunas e também muitos mistérios. Um dos mais importantes etruscólogos italianos, Massimo Pallottino, depois de muitas décadas despendidas em escavações de templos, santuários e monumentos funerários, constatou[63] nos anos 1980 que a compreensão

---

62. Hus, *Os Etruscos, Povo Secreto*, Paulinas, Roma, 1959.
63. M. *Pallottino*, Etrúria Revelada, *Edições do Elefante, 1984. Do mesmo autor,* Etruscologia, *Hoepli, Milão, 1984.*

e a interpretação da religiosidade etrusca ainda carregavam um caráter enigmático. O estudioso disse-se, porém, seguro do fato de que a vida pública e privada dos etruscos foi marcada totalmente pela religião. A lenta ascensão nos dois séculos iniciais de colonização permitiu uma conquista baseada na estrutura urbana, sobre a incorporação territorial e sobre a superioridade tecnológico-cultural em relação aos outros povos. O domínio etrusco estendeu-se assim das margens do Arno até depois do Tevere.

As antigas tradições reunidas até hoje trazem-nos uma curiosa lenda acerca das origens da antiga sabedoria esotérica e religiosa etrusca. O mito seria de que os textos sagrados, posteriormente adotados pela religião etrusca, bem como os preceitos da antiga sabedoria reservada aos lucumônios, tinham sido fornecidos a um camponês nas cercanias de Tarquínia, enquanto esse arava sua terra. Durante seu breve repouso, extenuado pela fadiga do trabalho nos campos, o agricultor foi abordado pela fantasmagórica aparição de um tipo de pequeno gênio chamado Tages, ou Tagete,[64] com as formas de um menino, a sabedoria de um ancião e os cabelos brancos. Depois de haver confessado sua missão de propagar o conhecimento, o estranho ser (aparentemente distinto de qualquer divindade do além, ou seja, do mundo subterrâneo, como o demônio Tukulka) desapareceu sem deixar pistas. Uma posterior manifestação divina constituiu o segundo marco essencial da religiosidade etrusca. Uma misteriosa figura feminina, com o aspecto de uma profetiza, de nome Vegoia, narra a lenda, manifestou-se a um velho sábio e teria lhe ditado as regras para "as decisões de Júpiter e da Justiça", desaparecendo velozmente depois de haver cumprido seu objetivo. Os núcleos sapienciais das artes adivinhatórias dirigidas pelos mortos e pelos condenados[65] posteriormente tornaram-se parte integrante dos *Livros Vegóicos* e dos *Livros Tagéticos*, elementos fundamentais do futuro ritualismo etrusco.

Do mito, a etruscologia leva-nos ao conhecimento histórico, apresentando-nos provas irrefutáveis de antigos contatos entre os etruscos e o povo egípcio, contatos que foram determinados pelas trocas comerciais e provavelmente também por meio de um intercâmbio cultural (de qualquer forma implícitos no momento do encontro entre os dois diferentes povos) por meio do qual os primeiros atingiram conhecimentos que seriam depois transferidos e codificados nas idéias religiosas iniciais do "povo do mar". O avanço pela Itália conduziu, em seguida, a um contato com novas formas místico-esotéricas e religiosas que, na maior parte dos casos, provinham do antigo mundo grego. A tal respeito, quando a expansão procurou estender-se pela Campânia, os etruscos viram-se em estreito

---

64. *Cf. Stefano Tuscano*, Mitologia Etrusca *(in* Deuses e Mitos*), Labor, 1954.*
65. *Codificados nos* Livros Aquerônticos *e no* Ars Fulguratoria

contato com os antigos cultos órficos e com os ritos pitagóricos. Tais religiões místicas foram parte ativa e fundamental dos primeiros avanços do pensamento grego e trouxeram profundas contribuições à filosofia helênica. A fonte primária etrusca parecia trazer elementos da egípcia, da qual poderia ter obtido importantes conhecimentos no delineamento inicial das formas iniciático-religiosas.

No seio da cultura etrusca assume logo um papel importante a casta sacerdotal, depositária do antigo saber esotérico e místico e de complexos rituais. Os lucumônios foram, de imediato, comparados a indivíduos de forte espiritualidade e não apenas os depositários das chaves para o acesso ao mundo dos mortos e para o contato com a divindade ctônia do panteão etrusco. Reis-sacerdotes no governo de cidades-estado, os lucumônios detinham tanto o poder político como o religioso. Curiosamente, jamais, no decorrer da História desse povo, as numerosas cidades que os etruscos construíram uniram-se entre si de modo a formar um único estado que governasse as zonas a ele pertencentes. As lendas todas até hoje apresentam-nos esses indivíduos como detentores das prodigiosas forças que, no entanto, somente eles sabiam usar, versados nas artes adivinhatórias e esotéricas. A adivinhação sobre o futuro dava-se por meio da *auruspicinia*, conhecida também como *estispicinia*, ou seja, a adivinhação por intermédio da observação do fígado dos animais ou por meio dos relâmpagos. Os lucumônios eram conhecidos com o nome sugestivo de *senhores da noite,* como prova de que nem mesmo as sombras poderiam guardar segredos a esses sacerdotes. O forte misticismo, próprio desse modelo religioso, conduzia os lucumônios a efetuar evocações ritualísticas extenuantes, em que o sacerdote jazia enfraquecido por horas, e nos quais os êxtases rituais constituíam o elemento mais importante. Ninguém podia perturbá-los nem de forma alguma interagir com eles durante o contato com o "mundo superior". Fundamental importância tiveram os antiqüíssimos cultos hipogeus, nos quais a sacralidade era reservada unicamente aos sacerdotes e nos quais eram oficializados ritos e cerimônias funerárias do tipo esotérico. Para poder administrar essas cerimônias religiosas havia sido criado um colégio sacerdotal, composto por lucumônios que durante séculos haviam compilado textos sacros de fundamental importância, como os *Livros Auruspicínios* e os *Fulgurantes*, respectivamente destinados à adivinhação por meio das vísceras de animais e às doutrinas como também pela observação dos raios. Ao lado desses textos *práticos* existiam os *rituais*, ou seja, textos dedicados inteiramente à consagração dos lugares de culto, dos santuários e à fundação de novas cidades (tudo estritamente regulado por rituais específicos).[66]

---

66. *Posteriormente, Tarquínio Prisco produziu uma versão latina dos* Livros Fatais.

No complexo estudo do Esoterismo e da religiosidade etrusca, vemos da alma (como podemos defini-la hoje) e de uma vitória contra os deuses do além-túmulo. Tudo isso está bem evidente nos *Livros Aquerônticos*, que codificaram ritos bem precisos, e que tratam do além-túmulo e de uma purificação e salvação individuais.[67]

Como em muitíssimas tradições esotéricas, as iniciações etruscas ocorriam durante a noite, talvez principalmente quando a lua encontrava-se em fase minguante, dentro dos santuários hipogeus acessíveis apenas à casta sacerdotal. O iniciado, que se encontrava então no período da puberdade, era conduzido,[68] amarrado ao longo de uma comprida e escura galeria, ao fim da qual se encontrava novamente no interior de uma sala cerimonial hipogéia. Tal cerimônia era exclusivamente reservada aos filhos ou aos parentes dos grandes lucumônios, e era rigorosamente vedada a todos aqueles que dela não faziam parte, indicando, assim, uma transmissão hereditária e seletiva dos antigos rituais e conhecimentos ancestrais. O rito de iniciação tinha o escopo fundamental de "abrir os olhos da verdade ao novo adepto e de conduzi-lo pela luz do conhecimento", uma frase comum a quase todas as correntes esotéricas, sejam as antigas, sejam as modernas. O iniciado recebia um novo nome, um nome sagrado, que deveria utilizar somente no sigilo dos ritos oficiados na presença do colégio sacerdotal, pelo dono de um manto branco que representava o advento da purificação e o conseqüente Renascimento para uma nova existência.

Diferentemente das outras tradições da época ou posteriores, nas quais o iniciado morria ritualmente para depois renascer para uma nova vida, no caso dos ritos esotéricos etruscos tratava-se de um verdadeiro e autêntico re-nascimento para a vida, no qual a metáfora do túnel representava o útero materno, enquanto a caverna hipogéia (por essa razão, subterrânea e espacialmente limitada) representava o nascimento em um novo mundo, reservado a poucos *eleitos*. O "caso etrusco" apresenta-nos uma ritualidade incomum, diferente, porém não única, na qual o sujeito transformava-se de simples indivíduo em *instrumento* superior, de modo a controlar os espíritos, evocar e fazer manifestarem-se forças superiores (ou seja, um mediador, ou *médium*, entre as forças naturais e aquelas sobrenaturais).

Os imponentes ritos realizados na obscuridade da noite e da terra eram concluídos no primeiro despontar da alvorada, assim que todos os participantes, exaustos e confusos também pelo álcool, pudessem deitar-se.

---

67. *A Divindade Turms, correspondente ao futuro Hermes, era, no contexto da cosmogonia etrusca, a divindade que libertava as almas das profundezas, conduzindo-as a uma nova vida.*
68. *Completamente nu, como se mal houvesse nascido.*

Se Pallottino considera os etruscos uma população autóctone italiana e não proveniente de outras terras, recentes descobertas parecem colocar em discussão a verdadeira origem desse povo. Em 1963, próximo ao santuário de Pyrgi, um dos portos de Caeras, os arqueólogos viram-se diante de uma das descobertas talvez mais enigmáticas de toda a etruscologia moderna. Durante as escavações, foram encontradas as tabuletas que no futuro seriam conhecidas como Tabuletas de Pyrgi, escritas em etrusco e em púnico. Apesar disso, tal descoberta não permitiu aos estudiosos firmarem as bases do estudo e da compreensão sistemática da língua etrusca (que até hoje permanece sem tradução), utilizando essas tabuletas como uma nova Pedra de Rosetta. A datação por meio do carbono 14 situou essas importantes provas ao redor do século V a.C., não fornecendo, porém, elementos ulteriores para uma nova compreensão global. O epigrafista André Dupon-Sommer, que estudou longamente esses documentos, chegou ao ponto, de resgatar algumas informações inerentes ao conteúdo do texto. Investigando as inscrições púnicas existentes na época, conseguiu traduzir parte do documento e confrontá-lo, depois, com a antiga linguagem etrusca. Dupon-Sommer identificou aquele que foi o dono dessas tabuletas no tempo de Pyrgi, um certo Tebario Velianas, recuperando, ainda, precisas referências à deusa etrusca Uni, posteriormente denominada Juno. A análise epigráfica permitiu revelar informações extremamente importantes que, sabemos, têm condições de lançar maior luz sobre o antigo Esoterismo e sobre a religiosidade etrusca. Dupon-Sommer encontrou numerosíssimas correlações e aspectos comuns entre os ritos, as festividades e os antigos calendários etrusco e púnico. Esse dado revolucionou profundamente a etruscologia do século passado, suscitando debates inflamados e novos caminhos investigatórios. Contudo, suscitou também muitas objeções e, na vertente oposta, aproximou-se de ver nesses documentos a primeira prova direta e objetiva dos antigos cultos italianos.

Sabemos que os etruscos foram um povo extremamente rico, seja no que diz respeito ao comércio marítimo com os povos da bacia do Mediterrâneo (a *talassocracia* etrusca) como também por manifestar, na Itália, uma cultura e uma religiosidade profundamente bem estruturadas. Dupon-Sommer observou que o povo etrusco era, desde as primeiras tradições históricas conservadas, fascinado pelos antigos cultos orientais (de modo particular pelo fenício), talvez em memória de sua antiga pátria, ou porque haviam sido seduzidos por uma nova e mais rica espiritualidade com a qual haviam tido contato. Segundo o historiador Albert Garnier, sua religião poderia ser definida como uma hábil síntese de numerosas doutrinas e elementos provenientes tanto dos distantes planaltos anatólicos quanto do potente influxo religioso-cultural das colônias gregas fixadas na Magna Grécia. Os atuais conhecimentos esotérico-religiosos deixam-nos hoje convictos da extrema maleabilidade que esse povo mostrava diante de cada novidade e sobre sua abertura a conhecimentos e influências culturais diversas, mas na base de seu culto permanecia solidamente ancorada às antigas tradições. O povo dos rasenas foi uma grande civilização de navegadores e de comerciantes, e isso levou-os inevitavelmente a um confronto e a uma osmose contínua com as novas civilizações com que teve contato, *transformando os ritos iniciais dos lucumônios em uma ritualidade cada vez mais complexa.*

A comunicação com a divindade era particularmente única. Muitos povos e muitas religiões do Mediterrâneo tinham, de fato, uma relação quase paritária com os próprios deuses, apresentando também um sistema de mútua ajuda oficializada por meio de rituais e sacrifícios. Os etruscos firmaram as bases da sua religião sobre diretivas diametralmente opostas, demonstrando uma total obediência e subserviência àqueles que guardavam os preceitos divinos. De modo quase anacrônico, o homem etrusco não possuía uma certeza de salvação que antecedesse à sua morte mas, como na futura reforma protestante, tão-somente a esperança e a fé que podiam ser conquistadas por meio dos livros sagrados e da aruspicinia. A possibilidade de mitigar "situações adversas" do além-túmulo era também reservada aos lucumônios, que por meio de determinados rituais podiam *serenar* ou moderar a vida terrena do indivíduo. A adivinhação[69] constituía, para o povo etrusco, a essência mágica e esotérica fundamental de sua religião. A relação entre vontade divina, os fatos e o povo era desvendada por meio de determinadas práticas adivinhatórias focalizadas na interpretação e revelação de sinais. A aruspicinia, a oniromancia[70], a disposição das nuvens, a necromancia[71] e a ornitomancia[72] constituíam todas elementos fundamentais da interpretação sagrada. A alta predestinação à qual as divindades etruscas haviam condicionado o homem conduziu a uma estruturação religiosa, mas também cultural, na qual o indivíduo procurava incessantemente revelar os sinais arcanos para compreender o próprio destino. Isso levou ao desenvolvimento de um profundo interesse pelo estudo comparado da Anatomia e de disciplinas como a Astrologia, na busca de mensagens ocultas.

As cavernas hipogéias eram solidamente adornadas com estátuas dos antigos deuses, aos quais o povo dirigia suas oferendas e pedia orientações. Muitas dessas estátuas, como é possível ver ainda hoje em vários museus, possuíam uma particularidade que dificilmente poderia ser compreendida senão aos olhos dos "que sabiam". As estátuas possuíam, efetivamente, um enigmático sorriso que ainda hoje nos entretém. Poucos sabiam que

---

69. Com o termo adivinhação *identifica-se a arte de revelar o futuro, ou tudo aquilo que é ignorado, seja pela inspiração, seja mediante exame dos sinais que exprimem a vontade dos deuses.*
70. *Intrepretação dos sonhos.*
71. *Adivinhação por intermédio dos espíritos dos mortos.*
72. *Interpretação pelo vôo dos pássaros.*

aquele sorriso era o símbolo da palavra de conhecimento, um antigo saber que hoje escapa ao nosso entendimento e do qual não se preservou qualquer informação.

Mas a grande ascese desse povo e seus antigos conhecimentos esotéricos não durariam muito. Lentamente, o misticismo etrusco foi corrompido pelo poder temporal, pela influência de novas religiões, até chegar a um estágio no qual a degradação marcaria profundamente o caminho desse povo, causando a perda ou a ocultação de sua antiga sabedoria secreta. Os ancestrais segredos iniciáticos ficaram dispersos e os últimos descendentes dos antigos lucumônios haviam perdido a sua antiga força espiritual, privando-se definitivamente do significado da *palavra perdida*.

A força romana[73] começou, assim, a trilhar seus rumos expansionistas, conduzindo o povo etrusco a um lento declínio e a uma posterior e gradual absorção.[74] Todavia, a proverbial tolerância romana não levou ao total desaparecimento dos antigos conhecimentos, mas à sua incorporação e transformação em uma nova forma religiosa.

---

73. *Durante fins do século VII a.C., a presença etrusca em Roma foi predominante no reinado dos Tarquini, e o poder estava concentrado nas mãos de uma aristocracia que detinha o governo há mais de cem anos. O confronto e a futura ascensão romana levaram ainda a um definitivo e total desaparecimento do povo etrusco.*
74. *Mas o declínio político e militar dos etruscos já havia iniciado com a série de golpes inflingidos pelos gregos nos territórios limítrofes mais ao sul.*

Roma Esotérica

Com o advento do Império Romano, a História da Itália, bem como a do mundo então conhecido, viu-se diante de profundas transformações culturais. As inovações intelectuais, tecnológicas e sociais que essa nova civilização trouxe modificaram profundamente a História da península, incorporando-se ao seu estilo de vida e sua cultura. O Esoterismo, nesse período histórico, era extremamente heterogêneo, variado, de aspecto caótico, mas ainda assim profundamente radicado entre as diversas influências culturais que se contrapuseram ao Império.

Desde os seus primórdios, Roma havia alcançado a plenitude da Mitologia e da ritualidade helênica, etrusca e dos povos que subjugava. A ascensão do povo romano foi marcada por profundos períodos de mudanças, de lutas sociais e de guerras, mas a força e o vigor capitolino sempre voltavam a se impor com relação aos povos invasores e nos momentos de profunda crise. Falar em Esoterismo dentro desse contexto histórico como um *unicum*, como apenas um fluir de conceitos e de idéias, é extremamente difícil. Não é possível identificar especificamente um culto exclusivo nessa civilização até sua decadência, mas é possível falar, no entanto, de *culturas*, ou seja, de *correntes históricas* que, nos quase dois milênios de História romana, interagiram variadamente e alternaram-se em seu âmbito interno. A tolerância demonstrada por Roma nos confrontos com os povos invadidos e dominados havia permitido que muitas das culturas subjugadas pudessem preservar os próprios conhecimentos, os próprios cultos e as respectivas identidades. Tolerância que, porém, era circunscrita em determinados âmbitos e que, em certas ocasiões e após eventos bem precisos, transformava-se em verdadeira repressão, como ocorreu, por exemplo, na Palestina de Cristo.

O contínuo intercâmbio cultural, o constante afluxo de povos e o incessante crescimento de Roma transformaram-na rapidamente em capital do mundo antigo, além de cidade das mil culturas. Mesmo dentro desse fermentar de povos, os antigos e as primeiras divindades do panteão romano foram relegados a âmbitos menores, ao mesmo tempo em que novos influxos provenientes das terras invadidas do Oriente e do Ocidente faziam sentir sua presença. Os cultos místicos multiplicavam-se e, enquanto os mistérios ligados a Dionísio, a Hécate e à grande-mãe continuavam a ter o seu considerável número de seguidores, começaram a manifestar-se novas religiões esotéricas estrangeiras, como aquelas ligadas a Serápides, a Cibele ou a deusa Ísis.

Desde o período imperial não houve, de nenhum modo, uma verdadeira fé adivinhatória, nem mesmo uma particular predileção pelos profetas vigentes. Ermanno Gallo[75] recorda-nos que:

> *Os oráculos, sobretudo pela sua íntima e imperscrutável intimidade com o deus, permaneceram durante muito tempo inconciliáveis com o poder estatal. Aceitá-los seria admitir uma diarquia que a República não tolerava mais, ao menos na capital.*

O mesmo autor apresenta-nos uma explicação um tanto racional, e ao mesmo tempo baseada em dados históricos, do porquê de tal atitude. Tanto a Roma antiga quanto a Roma republicana, sob a roupagem de culturas baseadas prevalentemente sobre um modelo patriarcal, haviam conservado um forte senso de coesão como também uma profunda consciência de um caminho comum a percorrer. Personificando o papel semidivino de Rômulo, raptado entre os deuses por Marte, ascendendo aos céus em uma densa nuvem, ou daquele quase mágico de seu sucessor Numa Pompílio, em contato com a ninfa Egréria, depois do período dos sete reis de Roma, "o pacto existente entre o Olimpo e Urbe foi mediado pela *Res Publica*",[76] afirma Gallo, mas as ofertas e os sacrifícios reduziam-no a um mero papel de *agraciamento* da divindade, sem a presença daquele variado mosaico de fatores e de crenças, sobretudo populares, que poderiam destinar a esses cultos papéis bem mais relevantes.

O povo romano, ao menos inicialmente, não tentou mais modificar ou direcionar o poder divino, as leis estabelecidas de fato. Procurou, mais que qualquer outro, conhecer tais projetos e os *pareceres* que os deuses formulavam sobre um determinado evento. Roma foi sempre sensível às mensagens provenientes das esferas sobrenaturais a respeito dos julgamentos ou sobre as previsões que podiam ser formuladas por adivinhos ou magos. A adivinhação desenvolveu-se de fato fundamentalmente com o objetivo de permitir a interpretação dessas mensagens.

---

75. *Op. cit.*
76. *Ibidem.*

O equilíbrio entre o poder terreno e o governo divino era realmente um elemento essencial de toda a cultura romana. Ninguém podia interpor-se entre o mundo sobrenatural e o mundo terreno[77] para que se mantivesse sobretudo aquela *pax deorum,* reflexo da *pax in terra,* fundamental no respeito recíproco e na colaboração entre homens e divindade.

A esse respeito diversos fatores desempenharam um importante papel na compreensão das vontades divinas, entre esses os *omina,* ou seja, advertências enviadas pelos deuses aos homens com o intuito de dirigi-los nas respectivas ações e escolhas, ou seja, no sentido de demonstração de benevolência ou hostilidade. Ao lado dos *omina,* focalizados prevalentemente em advertências do tipo auditivo, havia os *auspicia,* sinais que os deuses endereçavam aos olhos dos homens. A esse respeito é interessante notar como essa forma cultual-divinatória era presente desde a primeira fundação da cidade de Roma (a menos que não se tratasse de um mito etiológico), quando Rômulo e Remo teriam consultado a vontade de Júpiter por meio da observação de pássaros em vôo.[78]

Os precedentes da religiosidade e do Esoterismo romanos foram, conforme observado, de uma parte originados da evolução normal dos antigos rituais próprios das populações autóctones fixadas na bacia do Lazio, na outra vertente das novas aquisições que fluíam por intermédio de lentas mas incessantes conquistas realizadas.

De forma complementar aos vários cultos místicos anteriormente discutidos, novas correntes esotéricas, predominantemente provenientes do Oriente, começaram a se impor lentamente na cultura romana. Foi claro exemplo dessas correntes o culto de Mitra,[79] antiga religião de origem persa que começou a surgir em pleno Império, ao redor do século I a.C., bem rapidamente difundindo-se em todas as províncias. A religião solar mítrica transforma-se assim na principal religião do Império Romano. Os primeiros traços desse culto remontam aproximadamente a 1400 a.C., mesmo sendo provavelmente um culto presente já antes. Tratava-se de um deus indo-iraniano que no Hinduísmo era venerado com o binômio Mitra-Varuna.[80]

---

77. *Na realidade, houve imperadores que tentaram substituir totalmente os deuses. Exemplo típico é aquele do imperador Gaius Julius Caesar Germanicus, que passou para a História como Calígula, e que, desejando erguer-se sobre a autoridade de Júpiter Capitolino, mostrava-se muitas vezes satisfeito com o fato de os romanos maldizerem e ameaçarem o mesmo deus, suscitando o desdém do povo e da casta religiosa.*
78. *Nesse caso, o auspício tranforma-se em ornitomancia, ou seja, a adivinhação por meio do vôo dos pássaros.*
79. *O termo* Mitraísmo *foi cunhado para indicar uma série de práticas misteriosóficas, de* mystes *(segredo), adotadas desses antigos iniciados. O conceito fundamental sobre o qual se baseava esse culto era o imediatismo do contato que poderia ter lugar entre os seres humanos e a divindade.*
80. *No* Rig-Veda *existe um hino inteiramente dedicado a Mitra (*Rig-Veda, *versículo 3.59), no qual se afirma que "ele é soberano da Luz Divina, protetor da verdade, e é invocado quando um juramento é prestado".*

O filósofo Porfírio[81] narra como Zoroastro havia sido o primeiro homem a edificar nos tempos antigos um santuário em honra ao deus Mitra, criador do mundo e da vida. A obra reformadora de Zoroastro[82] havia, porém, despojado o antigo deus dos valores tribais e rituais aos quais era sempre associado, transferindo o seu poder e a sua importância ao deus Ahura Mazda. Tratando-se de um culto social e culturalmente radicado no seio da população iraniana, o Mitraísmo não foi totalmente eliminado pela História e, apesar de sua importância e seus rituais caírem em súbito anonimato na sua pátria de origem, encontraram abertura e fértil terreno entre os territórios e nos confins do Império Romano. Por essa sua enorme popularidade, o Zoroastrismo o inseriu no interior do próprio texto sacro, a *Avesta* (ou *Mehr Yasht*), definindo-o como "o protetor da nação ariana", ou seja, ainda, "a maçã cem vezes amarrada", definição que testemunha o valor de deus-guerreiro atribuído a Mitra, que foi ainda lembrado na Mitologia chinesa, na qual é denominado "o Amigo". Em tal cultura, a figura do deus solar assume as feições de um comandante militar, que durante a vida auxiliava os homens enquanto no além-túmulo era seu protetor contra o mal.

Por meio da influência exercida pela cultura helênica, o Mitraísmo rapidamente "invadiu" o Império Romano, substituindo a tradicional religião oficial. Como no caso da religião etrusca no culto mitraico, os santuários (chamados também *mitreus*) eram constituídos por criptas hipogéias[83] (*specus*) com representações da abóbada celeste e da terra abaixo, ou seja, em memória da gruta na qual acreditava-se que a divindade houvesse nascido.

O Esoterismo mitraico infundia o próprio espírito no interior de todo o templo, pelas paredes e pelo assoalho no qual eram espalhados desde símbolos até caracteres cósmicos e zodiacais. Se na antiga Pérsia o culto mitraico havia assumido o papel de culto solar, no seu correspondente romano (surgido no período do imperador Aureliano[84] tal papel tinha se transformado no do culto ao *Sol Invictus,* cuja festa caía no dia 25 de dezembro, depois resgatado pela religião católica romana como dia do natal de Cristo, com o objetivo de sobrepor a festividade da nova fé àquela pagã. Para os persas, Mitra era verdadeiramente nascido de mãe virgem na noite de 25 de dezembro e concomitantemente a um solstício de inverno. A tal figura era ainda ligada a uma rocha sagrada (sobre a qual vinha posta a imagem

---

81. *Malcom, chamado Porfírio de Tiro (233-305 d. C.) foi um grande historiador e filósofo. Entre os mais notáveis discípulos de Plotino, na juventude foi membro de uma seita pitagórica da qual posteriormente se desgostaria.*
82. *Ocorrida entre 655 e 628 a.C. Cf. P. de Brueil*, O Zoroastrismo, *Il Melangolo, Gênova, 1993.*
83. *Adornada pela mesma imagem que Mitra, ou seja, do deus Sol e da Lua.*
84. *Cláudio Lucio Domísio Aureliano, 270-275.*

de um menino divino) de forma cônica e que se colocava como pedra fundamental (ou "primeira pedra") nos templos a ele dedicados. Elemento central da religiosidade mitraica era a luta dualística entre luz e sombra, ou seja, entre bem e mal, de um modo não totalmente diverso daquele que seria posteriormente o do culto maniqueu. Tal culto começou a se firmar a partir dos fins do século I a.C. e alcançou o período de máxima difusão durante a linhagem do imperador Severo. O Mitraísmo ocidental formou-se a partir de uma longa e complexa evolução do antigo culto iraniano e, como muitas outras religiões de origem oriental, possuía características tanto iniciáticas quanto secretas.[85]

A História ligada ao nascimento do deus Mitra parece ser muito variada e complexa. Se existe uma tradição que o quer filho de uma virgem, a principal tradição o vê nascer ainda de uma rocha com um archote aceso (símbolo solar) e uma faca nas mãos. Posteriormente, segundo a tradição, Mitra iniciou em seus próprios mistérios o deus Sol, do qual se diferencia profundamente mas ao qual é ao mesmo tempo indissoluvelmente ligado, criando assim uma relação indissociável entre duas unidades distintas que são ao mesmo tempo *uma* (um tipo de dogma da trindade *ante litteram*). Ao lado dos aspectos solares e celestes, Mitra assume em pouco tempo importantes características cosmogônicas, ou seja, ligadas à salvação do homem (soteriológicas). Elemento essencial do culto mitraico foi o sacrifício do touro, cuja morte era vista como elemento basilar para a geração da vida e a fertilização do Universo, ao qual, com freqüência, eram associados um cão e uma serpente comumente retratados no ato de beber o sangue do touro destinado a ser imolado.

A iniciação esotérica era reservada apenas aos homens que, no momento em que eram aceitos no seio da comunidade, eram obrigados a manter o maior sigilo sobre os mistérios velados e revelados no culto. Como no antigo Esoterismo etrusco, no culto mitraico haviam sido codificados os segredos e os graus místicos, em número de sete, pelos quais o iniciante devia se introduzir no interior de uma cavidade subterrânea. Como lembra o estudioso Andronico Tosonotti:[86]

> *A cada um dos adeptos, em toda iniciação, fazia-se subir um degrau com os olhos vendados, depois do que se retirava a venda e acendiam-se as tochas, significando que das trevas eles passavam a uma nova luz, que completava em um grau sua consciência esotérica.*

Como em outras doutrinas místicas mais modernas, essa estrada podia ser longa e dificultosa, requerendo dos iniciados anos de estudo, que

---

[85]. *A sua introdução no mundo greco-romano parece ter vindo provavelmente em cerca de 67 d. C., por obra de piratas da Cilícia, difundindo-se depois com extrema rapidez nas províncias nórdicas do Império, por intermédio das guarnições romanas.*
[86]. *Op. cit.*

nem sempre eram gratificados pela ascensão a graus superiores. Esses sete graus constituíam o correspondente a provas iniciáticas a que se submetiam para crescer no contexto do rito. Cada um dos níveis iniciáticos[87] constituía de fato uma "tomada de consciência" a respeito de novas regras e de novas verdades, mas também representava os sete graus a comprovar os corpos celestes então conhecidos (Lua, Mercúrio, Vênus, Sol, Marte, Júpiter e Saturno). De tal rito (provavelmente dedicado a formas batismais nos primeiros graus) conhece-se hoje apenas uma parte mais oculta, constituída por uma cela subterrânea (chamada *fossa sanguinis*) presente sob o salão principal, na qual provavelmente o iniciado era submerso no sangue do touro sacrificado. Um ritual bastante cruel, semelhante a outros desse período histórico. Havia o contato ritual com a carne, o sangue e a própria imolação de um *bode expiatório* para permitir o contato com a divindade e a ligação com os *planos superiores* da existência. Tenhamos presente que o alcance de um *objetivo* por meio da expiação dos pecados (o bode), ou seja, pelo caminho do sacrifício (humano ou animal), foi sempre um dos chamados mais fortes para o contato com o divino.

Vejamos agora em detalhes os graus iniciáticos do Mitraísmo, com seus nomes e suas particularidades.

O primeiro grau da iniciação era chamado *Corvo*, e representava a morte simbólica do neófito e seu Renascimento no próprio culto. Na Pérsia antiga era habitual expor cadáveres sobre piras funerárias para que fossem comidos pelos corvos. O corvo, símbolo da morte, pode entre outras coisas ser encontrado nas cartas do tarô (por exemplo, na carta nº 13). Os poucos dados à nossa disposição indicam como as outras hierarquias desse culto efetuavam, após o Renascimento, a entrega ao neófito de um tipo de mantra que devia repetir. Ao mesmo tempo, celebravam um rito purificador em água, para *lavar* os pecados. O batismo purificador permitia ao adepto despertar do longo sono e do esquecimento em que havia dormido durante longos anos para abrir a própria vida e a própria experiência para um novo caminho iluminado pela luz do deus Mitra. O grau do Corvo estava sob a proteção do deus Mercúrio, e um claro exemplo disso pode-ser encontrado no mitreu de S. Prisca, em Roma, no mitreu dos Dura-Europo sobre o Eufrates, na Síria, e assim também em muitos outros lugares.

O segundo grau era chamado *Nymphus*, ou *Crisálida*.[88] A representação metafórica desse segundo nível era o nascimento. Como as borboletas nascem de larvas, assim o novo homem, iniciado no culto de Mitra, deve crescer e amadurecer para poder se abrir aos novos ensinamentos. Esse

---

87. *Os nomes atribuídos aos graus iniciáticos eram os seguintes: 1º grau: Corvo, 2º Nymphus (ou seja, Crisálida), 3º Miles (soldado), 4º Leo (leão), 5º Perses (persiano), 6º Heliodromo e 7º Pater.*
88. *Símbolos que pertenciam a esses graus eram a serpente, o diadema e o candeeiro.*

grau era colocado sob a proteção do planeta Vênus, e é observável em mitreus como aquele de Salona, na Dalmácia, sobre a sagrada pedra redonda, e nos alto-relevos de Eros e Psiquê em Cápua.

O terceiro grau era chamado *Miles*, o *Soldado*,[89] a representação da eterna batalha. Como os precedentes, também esse grau era visto como preparatório para se receber a iluminação que os iniciados pudessem alcançar e superar o mais rápido possível. Tertuliano[90] afirma em seus escritos que o candidato, para poder ser aceito nesse grau, devia combater um homem armado de espada para conquistar uma coroa sagrada que favoreceria tal passagem iniciática. Durante essa liturgia, o iniciado ficava totalmente nu, como indicativo do abandono da velha vida, e devia ajoelhar-se e submeter-se à autoridade religiosa do culto. As poucas representações gráficas e a escassa documentação mostram-nos que o neófito tinha suas mãos amarradas e uma venda sobre os olhos. Durante a iniciação o adepto era coroado mediante uma lança, que era posteriormente usada para libertá-lo do jugo das cordas. A representação simbólica talvez mais conhecida desse grau era a liberação do jugo do materialismo (mas não apenas isso). Encerrada essa primeira parte, o sujeito deixava a coroa a seu lado, testemunhando assim a remoção de seu intelecto e ainda a presença interior de Mitra como nova consciência e mente do iniciado. Representações simbólicas do Miles são encontradas no mitreu das Sete Portas de Óstia, em Roma.

O quarto grau de iniciação denominava-se *Leo*, o Leão[91], a representação do fogo. Como afirma o estudioso Pavia[92], "é o degrau para entrar pela porta do além, do não comensurável. Ao iniciado abre-se uma nova visão do mundo, aquela do mundo fenomênico ao qual se pode ascender somente mediante um ato de força e de vigor interior". Os Leões, sobretudo os iniciados desse grau, não podiam tocar a água durante o ritual, constando entre as suas tarefas a de portar o alimento ritual (preparado pelos graus inferiores), ou seja, de controlar a chama sagrada colocada sobre o altar. Mesmo durante o banquete ritual, recordado precedentemente pelas fortes semelhanças que parecem ter com a comunhão cristã, portava-se pão e vinho como representação da última ceia que Mitra tinha feito com os seus companheiros antes de sua ascensão aos céus no carro do Sol. No mitreu de Prisca existe um documento de fundamental importância na compreensão a

---

89. *O grau de Miles estava sob a proteção de Marte. Símbolos que pertenciam a esse grau eram o escorpião, a lagosta, o elmo, a lança, o chapéu frígio e o leme.*
90. *Tertuliano foi filósofo e teólogo em Cartago, África do Norte, tendo vivido aproximadamente entre 160 e 220.*
91. *O grau de Leo estava sob a proteção de Júpiter. Símbolos que pertenciam a esse grau: o cão, o dipresse, o louro, o raio, a águia, a vespa.*
92. C. Pavia, Roma Mitraica, *Lorenzini, 1986.*

fundo do grande valor que esse grau apresentava, "Accipe thuricremos, pater accipe sancte leones, per quos thura damus, per quos consumimur ipsi".[93]

O quinto grau da iniciação era conhecido como *do persa* ou *Perses*[94]. Associado a esse grau estava o Cautopates, o pastor nos seus hábitos tradicionais, tendo em mãos um archote sagrado abaixado. Aqueles que chegavam a esse nível eram considerados *custodes*, ou guardiões dos templos-grutas mitraicos. Pavia recorda-nos como "o iniciado obtinha esse grau por meio de uma filiação à linhagem que era a única merecedora de receber a mais alta revelação da sabedoria do Mago".[95] Símbolo desse grau era a harpa com a qual o herói Perseu obteve sucesso em decapitar Górgona, e que simbolizava a destruição total dos aspectos mais baixos do iniciado. Fundamental durante a iniciação era o uso do mel sagrado, alimento que era posto sob a proteção da Lua, e que se acreditava possuía poderosas propriedades purificadoras.

O sexto grau era o *Heliodromo*,[96] representado por Cautes, aquele que carregava a tocha como prenúncio do surgimento do Deus Sol. No grau de Heliodromus, o iniciado inspirava-se no sol durante o banquete ritual. Habitualmente sentava-se junto ao pai Mitra, com hábitos de cor vermelha, associada à cor do sol, do fogo, do sangue e da vida.

Sétimo e último grau iniciático era aquele do Pater, o pai. Constituía o vértice da casta sacerdotal mitraica que, pela intervenção de Saturno, simbolizava a Idade do Ouro sobre a Terra. Sua figura é semelhante àquela do atual Papa cristão, simbolizando o representante terreno do deus Mitra, a luz personificada, o mestre de vida e do conhecimento, o pai, aquele que guiava os fiéis. Um claro exemplo desse emblemático grau podemos encontrar no mitreu de Prisa, onde o Pater está sentado sobre um trono com diversos iniciados, enquanto esse marcha à sua frente.

Algumas pinturas de baixo-relevo e esculturas encontrados nos mitreus sobreviventes à fúria do tempo[97] destacam como durante a cerimônia os fiéis usavam máscaras ritualísticas por meio das quais era evidenciado o nível iniciático alcançado. A luta eterna do touro e o seu triunfo ritual ca-

---

93. *"Aceita amigavelmente, santo Pai, os leões que queimam o incenso (e seu elemento: o fogo), pois por meio deles nós espalhamos incenso, por intermédio deles também nós terminaremos."*
94. *Símbolos que pertencem a esse grau: o arco, a flecha, o bastão, a foice em forma de lua, a coruja, o rouxinol, os arcos, o sabre, as chaves, o cântaro, o golfinho, o tripé e a espiga.*
95. C. Pavia, op. cit.
96. *Símbolos que pertencem a esse grau: a coroa de sete raios, o archote, o açoite, a espiga, o globo, o galo, o lagarto, o crocodilo, a palma.*
97. *Cabe lembrar que ruínas dos templos mitraicos podem ser encontradas em qualquer lugar do Império Romano, da Palestina à Europa, por todo o norte da África até o norte da Inglaterra.*

racterizavam a representação da vitória da Ordem sobre o caos, da luz contra as trevas. A tal respeito, as poucas tradições que nos chegaram relatam que durante o auge do ritual era servido um banquete à base de pão (metaforicamente representando os miolos do touro) e de água ou talvez vinho (ou seja, o sangue taurino) para *festejar* a eterna luta da luz contra a noite. Não poucos autores têm aproximado esse cerimonial daquele que podemos hoje ver na eucaristia cristã, chegando a cogitar sobre o caráter não casual das semelhanças entre esse culto e o surgimento do Catolicismo romano.

A enorme difusão do Mitraísmo levou à construção de numerosíssimos templos por todo o Império Romano. Magníficos exemplos dos mitreus são ainda hoje visitáveis em Roma, como o Mitreu de S. Clemente, o Mitreu do Circo Massimo, o Mitreu Barberini, o Mitreu de S. Prisca e o Mitreu de Arícia e Marino. No século I a.C., Petrônio escreveu que "o nosso território está repleto de presenças divinas, de tal modo que encontramos mais facilmente um Deus que um homem".

Logo depois das guerras púnicas e da crise republicana, a orientação dos romanos diante do Esoterismo mudou. A Magia e a adivinhação começavam a ser utilizadas por motivos pessoais. A Psicologia romana havia sofrido um duro golpe e séculos de vitórias e de invulnerabilidade aparente haviam sido varridos pelo ímpeto de Aníbal e pela fusão com novas formas rituais e esotéricas.

O povo romano havia lentamente começado a se voltar para os antigos cultos místicos gregos, à procura daquela segurança e daquela satisfação que a simples e antiga religiosidade romana parecia não possuir mais. Mesmo nesse período, indivíduos como os magos e os adivinhos, desde sempre considerados como pertencentes aos piores substratos sociais, começaram uma lenta ascensão social, chegando enfim a ocupar funções de conselheiros junto a homens ilustres ou aos nobres romanos. Plutarco, em sua *Vida de Mário*, narra a esse propósito como o valoroso comandante deteve-se no vale do Ródano à espera de presságios favoráveis, espera essa que até então era inconcebível.

Tal situação histórica favoreceu o posterior advento de novas formas de culto esotérico-religioso no seio do império. Desde a Antiguidade o culto da deusa-mãe havia se difundido por toda a bacia do Mediterrâneo, assumindo nas diversas culturas nomes diferentes mas objetivos e rituais bastante semelhantes. A equivalente da púnica Tanit entre os antigos sumérios era conhecida com o nome de *Inama*, para os ácades era a deusa *Ishtar*, para Pessinunte era *Cibele*, enquanto para Roma era *Bellona*. A sua equivalente mais importante, e talvez mais conhecida, ligava-se, no entanto, ao ambiente egípcio, onde era adorada como *Ísis-Serápide*, deusa da Lua e mãe de todas as divindades. Para esse antiqüíssimo povo, Ísis era o fruto da união entre *Nut*, deusa do céu, e *Geb*, deus da Terra. Suas origens históricas são encontradas nos *Textos das Pirâmides*, de 2400 a.C. aproximadamente, enquanto as primeiras representações remontam a 1900 a.C.

Ísis preencheu um papel fundamental na antiga cultura e na cosmogonia egípcia. A Mitologia narra que foi esposa de Osíris e sua viúva por causa de seu irmão Set. Graças ao conhecimento divino foi, no entanto, capaz de recompor o corpo do marido morto e desmembrado para lhe dar nova vida e ainda voltar a conceber e parir dele, depois de morto. Ísis foi, assim, a mãe de *Hórus,* o deus-criança que aparece em numerosíssimas representações egípcias nos braços de sua genitora, que o amamenta. A tríade constituída por Ísis, Osíris e Hórus assume em pouco tempo um significado bem mais profundo que aquele de uma simples "família divina", e se vê de fato nesses três antigos deuses a representação da continuidade da vida, da vitória sobre a morte e por que não da vida no além-túmulo. Foi graças à Dinastia Ptolomaica, de origem grega, que o culto a Ísis difundiu-se em toda a bacia mediterrânea. As escavações arqueológicas realizadas nos últimos dois séculos têm realmente atestado a presença desse culto em Atenas, em Titoréia, próximo de Delfos (onde havia sido erigido o mais sagrado e importante entre todos os santuários helênicos), na Ásia Menor, como também na África setentrional, mas, sobretudo, na Sicília, na Sardenha e em Campânia.[98] Foi, porém, precisamente em Roma que o culto a Ísis obteve o seu maior sucesso. Em 88 a.C., durante algumas celebrações públicas, um colégio de *pastophori,*[99] começou-se a levar ao conhecimento do povo romano os esplendores do culto a Ísis. Em 65 a.C., encontramos sobre Campdólio um altar dedicado à deusa, altar que foi entretanto logo destruído pelo Senado Romano. Nesse meio-tempo, um número não pequeno de cidadãos de Roma, cidade que então contava com quase dois milhões de habitantes, tornou-se rapidamente seguidor de Ísis. Entre as novidades que o culto introduziu, e que foi um dos fatores que levaram à sua rápida difusão, estava a abolição das classes sociais, uma vez que a todos era dada a real possibilidade de abraçar a sabedoria dessa antiga divindade, mesmo às mulheres. Todos os adeptos, ou seja, os expoentes de todas as classes sociais que afluíram para esse culto, foram envolvidos prontamente nas lutas políticas e sociais dos últimos tempos da República.

O Senado republicano assustou-se com a força que essa religião parecia possuir. Em 58, em 54, em 50 e em 48 a.C., a fúria senatorial ordenou a total destruição dos templos, dos altares e das estátuas dedicadas a essa deusa. Uma fúria iconoclasta e religiosa contra um culto que se essendia pelas malhas da sociedade romana mas que, ao mesmo tempo, estava criando uma profunda preocupação na *intellighentia* e na casta senatorial. Esse

---

98. *Sobretudo nas cidades de Pozzuoli, Pompéia e Herculano (ao redor do ano 80 a.C.).*
99. *Os* pastophori *eram um colégio de sacerdotes incumbidos de conduzir, nas procissões, pequenos nichos com a imagem divina.*

temor verificou-se quando, em 50 a.c., o cônsul Emílio Paolo não encontrou nenhum indivíduo disposto a destruir o santuário de Ísis, em Roma. Apenas a intervenção drástica de Tibério[100] levou, em 19 d.C., à total destruição dos templos de Ísis e à dispersão, no Tevere, dos fragmentos de sua estátua.

O culto estava, a partir de então, radicado profundamente no interior da sociedade romana, a ponto de os esforços realizados pela República, e por qualquer alto dignatário romano, fossem totalmente vãos. A inversão das tendências mais evidentes foi manifestada por Calígula,[101] que, no poder, mandou construir um grande templo dedicado a Ísis no Campo de Marte: o Iseu Campense. As sucessivas vicissitudes históricas de Roma mostram como o apoio a tal culto havia sido desde então irreversivelmente adotado na capital do Império. Cláudio, Nero e Vespasiano deram sua proteção ao culto à deusa. Domiciano salvou-se dos partidários de Vitélio escondendo-se em uma procissão isíaca. Quando o Iseu Campense foi destruído por um incêndio em 80 d.C., Dominciano reconstruiu-o.

Já em 81 a.C. Lucio Cornélio Silla havia promulgado a *Lex Cornelia de Sicariis et Veneiciis*. A lei mencionava as práticas de Magia negra que haviam confluído para Roma, provenientes dos povos conquistados.

Por sua vez, o grande poeta Virgílio, no capítulo VIII de sua *Bucoliche*, havia vinculado a palavra mago a um verdadeiro rito mágico constituído por encantamentos e rituais, e escritores como Tíbulo e Propérsio falam em seus escritos de *Magia negra*, enquanto Sêneca, em sua Medéia, é um dos primeiros autores a apresentar o relato de um feitiço enquanto prepara filtros mágicos. A Ovídio, por outro lado, cabe o mérito, se assim podemos denominá-lo, de haver falado pela primeira vez nos *Fasti* de *Striges* (do termo *strix* deriva o nosso atual "stregga" (bruxa), estranhas mulheres-pássaro capazes de evocar espíritos e entidades malignas; eram originárias da Mársica, e acompanhadas sempre nas suas peregrinações por corvos.[102]

De qualquer modo, no século II, Roma havia deixado de ser o centro da religião isíaca, ou, como a definiu Apuleio em sua *Metamorfoses*, a *sacrossancta civitas*.

Numerosas outras vicissitudes fizeram com que se arraigasse profundamente o culto no Império e inúmeros imperadores favoreceram e ampliram as adesões a essa religião esotérica. Foram instituídas, ainda, duas festividades solenes ligadas ao culto: o *Navigium Isidis*[103], o vaso de Ísis, celebrado

---

100. *Tibério nasceu em Roma, em 42 a.C., e morreu em Cabo Miseno em 37 d.C. Foi imperador de 14 a 37 d.C. Quatro anos depois de seu nascimento (seu pai foi Tibério Cláudio Nero e sua mãe Lívia Drusila), sua mãe desposou o triúnviro Otaviano (futuro imperador).*
101. *Imperador entre 37 e 41 d.C. era bisneto de César Augusto e de Antônio.*
102. *A Horácio e Canídia cabem, ao contrário, o duvidoso mérito de haverem criado o estereótipo da bruxa.*
103. *O rito desenvolvia-se com procissões urbanas das quais possuímos uma fundamental descrição no* Asno de Ouro, *de Apuleio (século II a. C.), ele mesmo iniciado nos cultos isíacos.*

todo dia 5 de março, e o *Inventio Osiridis* (ou *Isia*), de 29 de outubro a 1º de novembro.

Desde os seus primórdios, o culto isíaco consolidou-se no tempo como religião salvífica e consoladora, endereçada a todas as classes sociais, com particular atenção aos mais humildes. A estrutura assumida inicialmente por esse culto era, porém, bem diversa. A religião isíaca, desde suas origens egípcias, não se configurava como uma religião mística, muito menos como um culto inserido apropriadamente no contexto da variada religiosidade egípcia. Foi só depois, sobretudo com o advento da Dinastia dos Ptolomeus, que o culto assumiria conotações e valores diversos. Seria, contudo, exatamente esse primeiro período egípcio a época em que ocorrerá a estruturação ordenada dos principais rituais e das características que constituíram posteriormente as complexas celebrações do *modus operandi* secreto do culto isíaco. Desde a mais remota Antiguidade, alguns conhecimentos e ritos tinham sido, entretanto, destinados ao mais velado segredo, tratando-se de um "saber" que se reservava unicamente às altas castas sacerdotais e ao próprio faraó. Como sublinha Marcella Farioli:[104]

> *Tal caráter secreto (ao menos a princípio, n. d. a), não é todavia do tipo místico, uma vez que não é fundado sobre determinadas iniciações, mas constitui simplesmente a demonstração do privilégio e das prerrogativas superiores do soberano que, sozinho, pode ascender a um mais alto grau de intimidade com a divindade.*

Com relação aos tempos antigos, em cujos cultos mantém-se uma total fidelidade aos princípios da religião egípcia, o passar dos séculos provocou um profundo afastamento dos modelos originais, antecipando a verdadeira separação do antigo casal de deuses, Ísis e Osíris, com a conseqüente exaltação de sua parte feminina.

Porém, o momento que mais interessa ao nosso estudo desenvolve-se porém no período helenístico-romano que, conforme observado, dedicou muita energia à deusa lunar. Os *iseus*, os templos dedicados a tal culto, floriram em toda a bacia do Mediterrâneo, manifestando-se principalmente naquela que foi a capital do Império Romano. Desde sua *helenização*, o culto configurou-se por meio de três rituais: o rito executado cotidianamente, aquele reservado às grandes festividades (como o *Navigum* e o *Inventio*) e, enfim, a ritualidade iniciática *pura*.

No primeiro caso, o *iseu* constituía o lugar sacro por excelência, onde se procurava nutrir e cuidar da deusa como também de seu antigo esposo Osíris.[105] No segundo caso, é o escritor do século II a.C. Apuleio que nos deixa um fantástico relato de tais festas no seu texto *O Asno de Ouro*.

---

104. *Op. cit*
105. *As poucas informações obtidas nos mostram como tais rituais eram desenvolvidos repondendo à antiga ritualidade egípcia, sem se afastar muito dos antigos cânones.*

Apuleio descreve com abundância de peculiaridades e paramentos as procissões, a curiosidade relacionada a tal culto, mantendo, porém, a mais estrita reserva a respeito de seus rituais e segredos. *No Asno de Ouro* entramos em contato com o verdadeiro espírito do culto isíaco. No curso das passagens da obra de Apuleio, ele próprio iniciado no culto de Ísis, ficam também evidenciadas as fortes semelhanças entre a simbologia e determinados rituais celebrados nos *iseus* com relação a outros ritos próprios de algumas religiões místicas helênicas[106]. Naquilo, pois, que se refere à terceira tipologia de ritos, encontramos-nos diante de um problema histórico que talvez não encontre mais solução plena. O grande segredo que envolvia o antigo saber detido por essa religião esotérica constituiu sempre um inviolável tabu para todos aqueles que eram aceitos em suas filas. Nada, senão o que fosse absolutamente inútil no contexto dos ritos públicos, podia ser revelado aos não iniciados. O *mystes*, uma vez ressurgido para uma nova vida, ou seja, iniciado nos primeiros graus do culto, transformava-se no emissário terreno da vontade divina, na mão e no verbo de um poder superior. Nada ou ninguém poderia fazer-lhe infringir aquele voto de segredo proferido quando de sua iniciação.

Do rito iniciático conhecemos apenas algumas poucas informações. A fase preliminar tinha uma característica *sapiencial*, na qual o indivíduo (homem ou mulher que fosse) era instruído sobre o significado e sobre os símbolos do rito do qual havia participado. Nas *Metamorfoses,*[107] Apuleio fala da existência de textos nos quais haviam sido preservados os conhecimentos e os cerimoniais referentes à deusa. Lúcio, o protagonista do texto de Apuleio, tendo a posse desse material, fica desconcertado com o caráter enigmático e oculto daquilo que via diante de si. Tal *sacralidade críptica* evitava que os pagãos pudessem vir a conhecer os segredos, mas testemunhava ainda o longo percurso de estudo e conhecimento ao qual os iniciados deviam se submeter. É possível, contudo, que também os altos dignatários do culto, ou seja, os sacerdotes, exprimissem-se durante as cerimônias de maneira críptica, sibilina, por alegorias ou fórmulas obscuras. Sempre segundo o relato que nos transmitiu Apuleio, o adepto era posteriormente levado a um banho ou a uma banheira cheia de água, onde era submergido e purificado durante quase um dia inteiro. A etapa seguinte consistia de uma abstinência (carne, álcool e sexo) que devia durar pelo menos dez dias. Depois dessa longa preparação, chegava-se finalmente ao momento, certamente à noite, em que o iniciado era consagrado oficialmente ao culto de Ísis. Apuleio não se limita a descrever as fases e os rituais da iniciação, o que incluía a revelação dos segredos mais íntimos do culto, mas deixa bem clara a carga emocional e psíquica a que o sujeito era submetido durante esse período de privações e de purificação. É possível, entretanto,

---

106. *A prova do caráter sincrético desta divindade.*
107. *Apuleio*, Metamorfoses, *XI, 22.*

que visões ou *contatos com o divino* durante essa última fase fossem causados não tanto por uma manifestação autêntica de entidades superiores, mas pelo aflorar de estados modificados de consciência, por causa das fortes privações e dos vários condicionamentos emocionais e psíquicos experimentados nos dias anteriores.

O caráter dessa antiga obra é único no seu gênero. Acima de tudo ressalta a necessidade de um duplo método de leitura, que se alterna entre romance e documento histórico, no qual, todavia, é ao mesmo tempo mantida uma função fundamental, além do que involuntária, de preservação de conhecimentos antigos. Dos ritos isíacos não conhecemos quase nada, e apenas poucas representações ou descrições nos têm permitido obter um quadro geral, não obstante extremamente próximo, desse culto. Talvez conheçamos mais coisas a respeito do antigo culto isíaco-osirídio do que de sua posterior forma helenizada.

No antigo Egito, tal culto, com base no que foi descrito por Ernesto Bosc antes do estudo da obra de Apuleio, era dividido em duas correntes principais: os *Pequenos Mistérios* e os *Grandes Mistérios*. Os primeiros relacionavam-se ao culto de Ísis, enquanto os segundos eram focalizados na iniciação dos *Segredos de Osíris*.

Qualquer outra informação além dessas provêm de um texto extremamente posterior, a *Grata Repoa,* escrito em 1770 pelo prussiano Karl Friedrich Koppen, fundador em 1776 do rito maçônico do *Obscuro Rito dos Arquitetos Africanos*.[108] Koppeen, juntamente aos outros irmãos fundadores, expõe nesse texto aqueles que acreditava houvessem sido os antigos rituais e parte dos conhecimentos do rito isíaco. Essas informações foram recolhidas de antigos documentos, preservados por desconhecidos. Segundo a *Grata Repoa,* o antigo culto contava exatamente sete graus de iniciação, porém análises feitas por Jean-Marie Ragon[109] fazem presumir que o número real fosse de apenas três e que o de sete devesse-se a uma péssima interpretação setecentesca. Alexandre Lénoir,[110] no texto *La Franc-Maçonnerie Rendue à sa Véritable Origine* (1807), fornece uma visão mais clara da estrutura do culto. O primeiro grau era marcado por uma verdadeira e genuína *aculturação* do iniciado, à qual se seguia uma primeira caminhada de Renascimento e descoberta interior voltada à iluminação. O segundo grau era provavelmente concentrado no estudo da moral e da

---

108. *Cf. www.grandeoriente.it*
109. *J. M. Ragon – A. Bailleul,* Cratarepoa. Order Einweihungen in der Alten Geheimen Gesellschaft der Egyptischen Priesser, *Berlin, 1770.*
110. *Alexander Lénoir (1761-1839) em 1791 é encarregado de organizar os bens confiscados do clero e das congregações monásticas, a partir do que em 1795 se estruturou um museu. Profundo conhecedor da Idade Média, se interessava ainda pelo estudo das antigas religiões.*

ética como ensinamentos de vida para chegar enfim ao terceiro grau, presidido por magos e sacerdotes de Osíris. Este último degrau constituía a etapa final na qual o sujeito tornava-se depositário dos mistérios mais sagrados e ocultos e dos ritos mais incompreensíveis. Esse caminho de iniciação, próprio da corrente egípcia, foi mantido provavelmente inalterado na posterior expansão da religião isíaca, constituindo dessa forma o *corpus* cerimonial e sapiencial mais secreto.

A riqueza do culto isíaco deveu-se à osmose cultural tolerada por Roma após a conquista do Egito e, depois, do vizinho Oriente. A ampla abertura para novas formas religiosas, mas, sobretudo, para uma nova busca interior pelo misticismo e pelo sobrenatural, favoreceram a instauração inicial e o posterior desenvolvimento desse culto. Como no caso de alguns cultos místicos helênicos, o objetivo principal ao qual se direcionavam os iniciados em Ísis era a incessante procura da imortalidade e por que não a aquisição de uma consciência superior por meio da purificação e do contato com o divino.

O período áureo, que durou cerca de um século, começou, contudo, a se transformar logo, com o lento declínio do culto. A ascensão de Constantino ao trono imperial assinalou sua definitiva derrota. Por um edito seu posterior, conhecido como Edito de Constantino, promulgado em 313 d. C., foi enfim definido o Cristianismo como a nova religião do Império Romano, firmando as bases da futura perseguição às outras religiões. Entre as maiores tendências culturais que conduziram Roma a uma nova forma de espiritualidade estavam os novos e revolucionários conceitos introduzidos pelo Cristianismo, que, por meio de sua doutrina filantrópica e ritual reveladas acolheu e fascinou um número cada vez maior de fiéis. E foi de um tal modo que no próprio Egito o último templo dedicado a Ísis foi destruído (em 550 d. C.) e reedificado como igreja cristã. Quando isso aconteceu, apenas em Roma, uma centena de iseus haviam já seguido o mesmo caminho. Diversamente do que se poderia acreditar, os indícios e os conhecimentos desta antiga fé não foram totalmente erradicados da capital, como também de outras importantes cidades do Império, a começar por Éfeso. Segundo diversos estudiosos, a imagem sagrada da deusa havia sido simplesmente substituída, substituído pelo culto bem mais *aceitável* da Senhora Negra. Ainda hoje Roma[111] hospeda o maior número de igrejas dedicadas a tal figura. Similar à figura da Mãe-Terra dos antigos egípcios, Anna, a Virgem Negra,[112] era considerada depositária do conhecimento sagrado. A figura

---

111. *Apurou-se em escavações arqueológicas que mesmo a Igreja de S. Estéfano, em Bolonha, era originalmente um templo dedicado a Ísis, como também Notre Dame, em Paris.*
112. *Cujo principal santuário encontrava-se em Tebas. Cf. ainda Stefen Benko,* The Virgin Goddess: Studies in the Pagan and Christian Roots of Mariology, *1993 (vide* www.udayton.edu/mary*).*

de Ísis[113] tendo o filho Hórus nos braços foi logo substituída pela imagem clássica da Virgem Maria com o Menino Jesus nos braços. O fim do culto isíaco pode ser considerado, em algumas de suas conotações, como uma reconversão para uma nova forma religiosa, na qual a deusa lunar era substituída pela figura de Maria e transformada, mais do que em símbolo hermético de sabedoria, importante para certas correntes, também na figura da mãe do Cristo.

Mas havia realmente terminado para sempre o culto da *deusa dos muitos nomes*? Provavelmente não em sua forma esotérica. Em 431 d.C., o concílio de bispos cristãos reunidos em Éfeso,[114] na Turquia, decretou que Maria, mãe de Jesus, deveria ser chamada por *Theotokos, Mater Dei*, a Mãe de Deus, ou seja, o antigo título da Grande Deusa Ísis. Talvez o culto fosse suprimido, mas algumas coisas haviam sido preservadas...

---

113. *Que era ainda conhecida pelo apelido de* Iside Regina Coeli, *Ísis, Rainha do Céu*.
114. *A cidade sagrada da deusa Ártemis, uma das manifestações da Grande Mãe*.

De Roma à Idade Média- Gnose, Gnosticismo e o Advento das Heresias

A palavra "heresia" assume hoje conotações e significados que se afastam sensivelmente daqueles significados originários do termo. Heresia nos faz logo pensar em obscuros rituais ligados a misteriosos ritos da Antiguidade, a homens dos quais o livre-arbítrio havia sido suplantado pelo simples plágio que se fazia de qualquer seita. Na realidade, essa visão tão tétrica e negativa da heresia é simplesmente o fruto de uma forma de manipulação realizada desde um passado remoto contra os movimentos que se distanciavam da verdade revelada pelo Catolicismo romano. O termo heresia deriva do grego *àiresis*, que em sua tradução mais literal significa "escolha", aquela faculdade que sempre permitiu ao homem decidir entre muitas opções. Em seu sentido mais amplo, aplicado à Filosofia ou à religião, eram *heréticos* aqueles que escolhiam ser epicuristas, estoicistas, céticos, sofistas, etc., todos, enfim, que levaram à frente a escolha de não se adequar aos cânones sociais predominantes para seguir aquilo que lhes parecia mais justo.

David Christie-Murray[115] afirma que "um cínico poderia defini-la como a opinião de uma minoria tão contrastante com a de uma maioria a ponto de chegar a persegui-la", e, historicamente, foi exatamente assim. Trata-se de um termo *relativo*, imposto por razões de Estado ou de fé, e que não foi jamais auto-atribuído, mas sempre atribuído por quem detinha o poder.

---

115. D. *Christie-Murray*, Os Perseguidos das Heresias, *Rusconi, Milão, 1998.*

Diferente do que se poderia crer, os primeiros quatro séculos da era cristã assistiram ao desenvolvimento de um número expressivo de cultos místicos e de sociedades iniciáticas de vários gêneros. Nos capítulos anteriores desta obra vimos como cultos ligados ao Egito ou ao Oriente Médio encontraram um terreno estremamente fértil dentro dos confins do antigo Império Romano, sediando seu centro de poder na capital. Antigas religiões foram fundidas na cultura romana, outras tornaram-se fiéis aos antigos dogmas, tomando conta simplesmente de outros países. Tal renovação seguiu-se de um também renovado florescimento de cultos arcaicos como também do esboço de novos movimentos religiosos ou esotéricos. Roma colocou-se assim, como novo centro de irradiação de cultura para a bacia do Mediterrâneo, ou seja, como uma nova Alexandria.

A metrópole intelectual que todavia detivera até então o primado indiscutível sobre a cultura foi na realidade essa última,[116] ao mesmo tempo coberta por um halo de mistério e fascínio que perdura até hoje. Alexandria no Egito nasceu depois de numerosas conquistas realizadas por Alexandre Magno e depois dedicada à sua honra e à sua memória, desde sua construção, em 321 a.C.; era ornada pela mais importante biblioteca que o mundo antigo conheceu. Estudiosos e trabalhadores de todas as terras conhecidas confluíram para essa mítica cidade junto ao delta do Nilo, com o intuito de construir um pólo cultural que por um milênio figuraria como o mais importante jamais criado no mundo antigo. Durante a campanha egípcia de César, em 48 a.C., a biblioteca, que possuía mais de 750 mil volumes, sofreu um grave incêndio que a privou de milhares de obras, e, em 391 d.C., a furiosa reação do Catolicismo romano, para a satisfação do bispo Teófilo, destruiu não menos que um terço das obras lá existentes por considerá-las blasfemas, ou seja, material de origem pagã. Uma perda incalculável, que nos privou de séculos de conhecimentos e textos inestimáveis. O golpe de misericórdia deu-se pela conquista por Ordem dos árabes maometanos, que, por seu lado, queimaram tudo quanto restava da biblioteca, sustentando que, se os livros que haviam sido destruídos pelo fogo diziam a verdade, essa já estava toda no Alcorão; se, ao contrário, continham falsidade, então era melhor que queimassem...

Roma, sede do novo poder religioso e temporal, ou seja, da nova mas um tanto lenta política expansionista pós-imperial fundada sobre o Catolicismo, pôs-se como novo centro da cultura mediterrânea. Os primeiros autores católicos sempre negaram durante a possível presença, no antigo culto cristão, de componentes esotéricos ou de ritos secretos. Mas, se a ação prática pôde evidenciar componentes esotéricos significativos em textos como o *Apocalipse*, o *Evangelho* de São João e as *Letras* de São Paulo, a principal linha dogmática de tal religião sempre negou ou julgou distantes as possíveis confluências dos movimentos esotéricos no seio do Cristianismo.

---

116. *Junto à igualmente notável cidade de Pérgamo (hoje Bérgamo), na Turquia.*

A História nos ensina, apesar de tudo, que mesmo durante a primeira expansão cristã dentro do Império Romano e, portanto, também na Itália, começaram rapidamente a se formar grupos ou movimentos cristãos-esotéricos, destinados à procura do Conhecimento, da Gnose, da Sabedoria última. O estudioso e escritor sobre religiões H. Ch. Puch[117] deixa claro o objetivo último, afirmando:

> *O que é uma gnose senão um conhecimento, mas um conhecimento que não apenas é voltado inteiramente à busca da salvação, mas, além disso, revelando o homem a si mesmo e desvendando-lhe o conhecimento de Deus e de todas as coisas, o conduz à salvação, ou melhor, à sua própria salvação.*

Fica logo evidente que o termo *gnose* (do grego *gnosis*: conhecimento) pode conotar e ser aplicado a numerosos e variados modelos religiosos, esotéricos e sectários, não vinculados a tempo ou espaço mas presentes em todo o mundo antigo. A acepção comum tende, todavia, a identificar o Gnosticismo como aquele movimento religioso e cultural que se pôs ao lado do Cristianismo dos inícios, ou seja, que se desenvolveu no seio do próprio Cristianismo. O Gnosticismo buscou uma elevação superior àquela que podia ser fornecida pelo Catolicismo para focalizar o próprio avanço interior diante de um contato direto com o divino. Por esse termo procura-se identificar, ou definir, "um conjunto de sistemas filosófico-religiosos que mudam de cor, quase como um camaleão, seguido do *pano de fundo* cultural no qual caem".[118] Como nos faz notar Sarane Alexandrian,[119] o movimento Gnóstico não se caracterizará mais como uma forma religiosa pós-pagã, mas se refere sempre à tradição passada e à procura de um conhecimento superior, ao mesmo tempo buscando salvar dos ataques incessantes do Catolicismo as religiões e cultos antigos. Em seu significado mais recôndito, o termo Gnosticismo contém, hoje, a idéia de um conhecimento oculto, esotérico, utilizado para se obter a chave última da salvação.

Como muitos outros autores, Alexandrian demonstra a existência de uma forma de Cristianismo desviada, mas ao mesmo tempo esotérica, sobre a qual se procurava silenciar, e que se tentou erradicar em razão do medo das consequências a que poderia levar. Muitos cultos místicos da Antiguidade foram absorvidos por essa nova corrente que, ao longo do tempo, contou com personagens importantes como Diógenes Aeropagita (iniciado nos mistérios de Ísis), Juliano, o Apóstata (imperador cristão que buscou restaurar o culto à deusa Cibele) e depois Raimundo Lullo, que buscou contrapor a sua *Ars Magna* à Escolástica.[120] No contexto da doutrina

---

117. H. Ch. Puech (editado por), História das Religiões, vol. 5, Latércia Bari, 1991.
118. D. Christie Murray, op. cit.
119. S. Alexandrian, História da Filosofia Oculta, Mondadori, Milão, 1984.
120. Em 1287, fundada no método das combinações.

gnóstica, sobre cujas origens existem poucas e escassas informações, podem ser encontrados elementos próprios da doutrina egípcia, iraniana, grega, judaica, mitraica, etc.

O *corpus cultural* Gnóstico apresenta diferenças sensíveis em toda a sua doutrina, em quaisquer de suas vertentes, ou seja, em cada uma de suas contextualizações. Existe obviamente uma base comum constituída sobretudo pelo conceito de superioridade do conhecimento sobre a fé e as obras, pela busca da salvação humana, pela perfeição interior. Em realidade, não existia, além disso, um grupo religioso homogêneo, pois na maioria tratava-se de grupos, cenáculos e sociedades secretas muitas vezes ligadas entre si e às vezes ainda em franco contraste.

O fim último de todos os movimentos era, de qualquer modo, possibilitar ao iniciado resgatar a antiga *fonte*, o princípio primeiro, Deus, desenvolvendo sobretudo a semente divina ínsita em cada homem. Toda a especulação gnóstica nasce da grande contradição que não responde mais à indagação sobre por que um Deus infinito e perfeito criaria um mundo imperfeito e viciado pelo pecado, pelo mal. Ao mesmo tempo, todas as doutrinas gnósticas apresentam-nos um mito cosmológico das origens que parece possuir um caráter *parasitário* em relação às culturas em que vem se manifestar. O quanto se pode extrair dos dados históricos nos evidencia como tais movimentos realizaram uma verdadeira e genuína releitura, no modelo Gnóstico, dos mitos próprios de culturas como a iraniana, a grega, a hebraica, a cristã, etc. Os mitos, por sua, vez são extremamente diferentes entre si, mas possuem, em vários casos, origens comuns; propõem a existência de uma unidade originária indistinta, que é chamada *pleroma*, a presença de um Deus inicial do qual provém uma emanação de cópias de seres celestes chamados *eonos*, a posterior ruína da unidade primordial com o conseqüente nascimento de um deus malvado, o *Demiurgo*, que de maneira direta o comunica a seus *arcontes*, aqueles que hoje podemos definir como demônios emissários, criou o mundo material que nós conhecemos. A esse associa-se, porém, uma faceta *benéfica*, que vê no homem a presença de uma centelha divina que deve ser reacendida para fazê-lo retornar ao criador. Para todas as correntes gnósticas, esse ponto tornar-se-á fundamental: a possibilidade de reacender a semente divina ínsita em nós, para que possamos retornar à pureza e à paz primeiras. Em algumas escolas, a Mitologia introduz ainda uma figura feminina, fato um tanto estranho se pensarmos na mentalidade fortemente machista daquela época: *Sophia*, originada como um eono que *saiu do limite do pleroma originário* graças a uma qualidade que o homem sempre possuiu, a *curiosidade*. A curiosidade de Sofia e a sua ignorância levaram à criação do mundo material. Como se pode bem deduzir, trata-se de uma forma diferente de mito, que vê na feminilidade a centelha geradora do mundo. O mito de Sofia, mesmo se apresentado de forma um tanto sintética, possui uma complexidade e uma profundidade que variam em cada uma das correntes em que se manifesta. Em alguns mitos encontramos duas Sofias,[121] uma maior e uma menor: a primeira será acorrentada para sempre no mundo material, enquanto à segunda será permitido retornar ao pleroma originário. Um termo próprio de todo o movimento Gnóstico, mas que criou e freqüentemente leva-nos a incorrer ainda hoje em grandes equívocos é *Abraxas* (ou *Abrasax*). Como veremos mais tarde, esse termo terá um papel fundamental na futura Ordem dos Templários. Na versão mais arcaica do Gnosticismo, deduz-se que Abraxas era o nome do Deus originário, enquanto na maior parte das fontes e dos cultos gnósticos é o nome dado ao Demiurgo, o deus mau.

É curioso observar como nos séculos seguintes a Igreja teria tomado pleno conhecimento desse fato, para torná-lo parte integrante da própria cultura. Xabaras, que é Abraxas anagramatizado, corresponde a um dos nomes do maligno: o diabo. Um aprofundamento histórico-cultural sobre o Gnosticismo permite-nos ainda compreender o próprio significado da existência de uma centelha divina no homem, de um resíduo de onipotência aprisionado em um corpo material e mortal.

Segundo grande parte dos movimentos gnósticos, o Demiurgo e os seus arcontes conseguiram criar o homem de tal modo que permanecesse para sempre vinculado à materialidade terrena e a suas leis. A intervenção de seres provenientes do *mundo celeste* ou, segundo outras versões, a intervenção mesmo do *logos*[122] de Deus havia de algum modo "arruinado" os planos de Demiurgo, deixando no homem um componente divino único em seu gênero, que só poderia ser revelado por aqueles que conseguissem reaproximar-se da antiga pureza. A parte talvez mais complexa do Gnosticismo em geral refere-se ao homem e à sua Natureza tríplice. Por mais que seja difícil resumi-la em poucas linhas, supunha-se que existissem três tipos de homens: os espirituais, ou *pneumáticos*, que constituíam nos únicos homens em condições de despertar verdadeiramente para o conhecimento (os únicos nos quais aquilo que seria a centelha divina poderia reacender-se e plenamente); aqueles denominados *psíquicos,* e poderiam aproximar-se da gnose apenas parcialmente e com grande dificuldade; e, enfim, os *ílicos*, irremediavelmente ligados à matéria, razão pela qual lhes era obstada a gnose (aqueles que hoje podemos definir como "materialistas"). De tal classificação surgiram naturalmente formas de elitização ou castas nas quais determinados indivíduos poderiam não ser admitidos porque permaneciam *ílicos* ou *psíquicos*. Mas isso não limitava de nenhuma forma a gnose na sua teurgia ou em seus dogmas, pois todos possuíam a centelha divina e deveriam buscar revelá-la para resgatar o antigo esplendor. Não importava que se estivesse colocado em um nível diverso com relação a outro indivíduo: o que importava era o fim último que se devia atingir.

---

121. *Sofia assumira, posteriormente, o significado e o sentido de* conhecimento.
122. *A palavra, o verbo, o hálito divinos.*

Gnose, vimos, significa "conhecimento". Talvez ainda hoje não consigamos compreender plenamente o significado com que, no passado, conotava-se essa grande qualidade. Para os gnósticos, o conhecimento não era aquele racional da Grécia antiga, nem tampouco aquele místico ou transcendental que era professado pela comunidade dos essênios na Palestina. "Conhecimento" abrangia um significado ainda mais nobre e profundo, era uma revelação da parte de Deus, que arrebatava o homem do interior de uma visão estática para torná-lo ciente e compenetrado na própria luz. Como nos testemunha o Gnóstico Teodoto:

> *Aquilo que éramos, em que nos tornamos*
> *Onde estávamos, de onde saímos*
> *Por onde caminhamos, do que nos libertamos*
> *O que é o nascimento, o que é a morte.*

Contudo, no Evangelho Gnóstico de Nag Hammadi lemos (Evangelho de Tomás):

> *Quem conhece donde vem e para onde vai, sabe, como um bêbado que se deu conta de sua embriaguez, que voltou a si e restabeleceu seu verdadeiro ser. (Cf. Os Evangelhos Gnósticos, editado por L. Moraldi, Adelphi, Milão, 1984).*

Mas informações são disponíveis no que se refere às antigas iniciações. O neófito era efetivamente introduzido nas doutrinas e nos ensinamentos da seita por intermédio de graus sucessivos, em alguns casos essencialmente contrastantes, e após rituais de passagem. Como no caso dos cultos que examinamos anteriormente, existiam verdadeiros ritos iniciáticos constituídos por fórmulas mágicas, sacramentos, palavras e ritualismos que deviam ser cumpridos com a máxima perfeição, para que se pudesse atender à tarefa demandada. Fim último de todos os caminhos gnósticos era a preparação, ou seja, a elevação interior da alma humana, para quando fosse chegado o momento da morte. Para se distinguir os iniciados dos profanos, foram estabelecidos sinais de reconhecimento secreto, e ao mesmo tempo fazia-se uso de objetos rituais com finalidades específicas.[123] Muitos motivos simbólicos gnósticos tornaram-se depois muito conhecidos por meio de outras correntes esotéricas, como a alquimista. Encontramos de fato, na grande diversidade de cultos, símbolos como o Ouroboros (a serpente que devora a própria cauda), o escaravelho, o disco solar, etc.

A propagação do Gnosticismo dentro dos confins imperiais foi extremamente rápida, manifestando-se subitamente sob várias formas religiosas

---

123. *Como os* diagramas, *os quais tinham o escopo de sintetizar as doutrinas ou os dogmas sagrados que eram conhecidos ainda com o nome de* Abraxas, *palavra ambivalente que pode ser lida ainda como* Xabaras, *o antigo nome do diabo, e cuja soma, em valores numéricos, permite que se obtenha 365.*

e esotéricas. Por meio de tal argumentação, os padres da Igreja encontraram a motivação necessária para criticar e perseguir esse movimento, rotulando-o como herético, mas, sobretudo imputando-lhe a injúria de haver "corrompido, manipulado e modificado" os verdadeiros ensinamentos que nos trouxe o Cristo.

Entre as primeiras igrejas gnósticas que se formaram podemos recordar a dos carpocracianos,[124] pouco difundida em nossa península, os maniqueus e os bogomilos. Sobretudo os maniqueus e os bogomilos deixaram na Itália, mas também em todo o continente europeu, um profundo traço daquilo que confessavam e de sua própria crença.

Os maniqueus tomaram o nome do profeta babilônio Mani (de 216 ou 217 d.C.), homem profundamente religioso e erudito que, após a visita de um *gêmeo celeste,* recebeu a Ordem de se afastar de seu povo para iniciar uma missão de apostolado junto aos homens. Depois de uma breve estada na Índia, Mani retornou à própria pátria para aprofundar sua mensagem entre o povo, testemunhando uma visão dualística sinteticamente identificável como a eterna luta entre o bem e o mal. Furiosamente contestado, encontrou uma morte atroz, sendo esfolado vivo, em 14 de janeiro de 276 d.C. A crença de Mani não morreu, entretanto, com seu fundador, e o Maniqueísmo começou de fato a proliferar por toda a estensão da zona setentrional da África, na Espanha, na Gália, na Itália, no Turquestão e ainda na China.[125] A Itália incorporou o culto em razão de sua mais ampla visão gnóstica, mas também em consequência a um ainda frágil poder temporal do Cristianismo, que tentou de toda forma hostilizar tal movimento desde suas primeiras manifestações. Os maniqueus apresentaram prontamente uma forte inclinação ao proselitismo, mesmo em nossa península, e distinguiram-se logo em duas classes, os *ouvintes* ou *catecúmenos* e os *eleitos* (inclinados a uma forma de ascetismo rigoroso). Os primeiros constituíam a população de convertidos e os outros eram os ministros do culto e do conhecimento maniqueu. Uma forma extremamente semelhante será vista em seguida, e a reexaminaremos ainda no contexto da heresia cátara.[126] Com o passar dos séculos, iniciaram-se investidas imperiais saneadoras, e posteriormente católicas, contra essas religiões consideradas pagãs. Já em 297 d.C. assiste-se a um edito contra os maniqueus promulgado pelo imperador Diocleciano, que acreditava fossem subversores da pátria e da Ordem. Em 303 d.C., depois da publicação do edito de Nicomédia, cristãos e

---

124. *Movimento que adotou o nome de seu fundador Carpócrates. Os carpocracianos não acreditavam na Natureza divina de Cristo e defendiam que o homem deveria pecar porque a reaproximação da salvação necessitava de um estado de culpa do qual desejava-se a remissão.*
125. *Curiosamente, o maniqueísmo perdurou na China até o século XVII.*
126. *Com a subdivisão entre* crentes *e* puros *(ou* perfeitos*).*

maniqueus foram por sua vez trucidados por vontade imperial. Os tempos não tardaram a piorar as coisas e, em 386 d.C., em Cartago, uniram-se para executar um extermínio em massa que custou a vida de milhares de pessoas. O próprio Santo Agostinho, um dos mais importantes padres da Igreja, ficou inicialmente fascinado pela doutrina de Mani,[127] ao ponto de ser considerado um de seus mais fiéis seguidores, mas pouco tempo depois afastou-se dela por discordar de algumas de suas proposições.

Ao lado do Gnosticismo maniqueísta, após alguns séculos manifestou-se o de Bogomili,[128] uma seita herético-esotérica de matriz cristã, surgida na Ásia Menor em fins do século IX d.C., originada do paulicianismo nos territórios bizantinos. A doutrina gnóstica bogomilista nasceu com uma Natureza dualista e com crenças muitos similares às maniqueístas. Os bogomilistas rechaçavam o Antigo Testamento, boa parte dos sacramentos, refutavam o sacerdócio, exaltavam a pobreza e pregavam humildade e penitência. Sua perseguição deveu-se principalmente ao fato de que professavam ideais em franco contraste com os dogmas do Cristianismo. Sua difusão se fez sentir muito fortemente também na Itália, mas, à diferença do Cristianismo e como o Maniqueísmo anteriormente, os bogomilistas conseguiram apenas de forma muito precária erguer templos ou estruturas de culto ao próprio credo, por causa da contínua e incansável perseguição à qual eram constantemente sujeitos. O antigo apogeu romano, no qual uma boa dose de tolerância era reservada aos cultos estrangeiros ou novos, parecia assim haver terminado. Vários séculos antes, Constantino consagrou o Cristianismo como religião do Império, e essa não poderia nem deveria ser obstada por nenhuma outra fé. Acreditava-se que os bogomilistas pudessem constituir o núcleo primordial a partir do qual se desenvolveria a religião cátara.

O Antigo Testamento indica-nos por sua vez, a presença de um *Gnosticismo pré-cristão,*[129] de forte difusão em toda a bacia do Mediterrâneo, incluindo a Itália. Nos Atos dos Apóstolos narra-se como logo depois da formação das primeiras comunidades cristãs a mensagem do Cristo foi levada à Samaria. Os apóstolos que estiveram nesse lugar viram-se em confrontos com um mago de nome Simeão, que atraía as massas e conhecia profundamente Magia.

"Todos, grandes e pequenos, uniam-se a ele e diziam: 'Este homem é a força de Deus, aquela que é chamada a Grande'" (Atos, 8, 10). É o relato que os livros neo-testamentários apresentam sobre a figura de Simão, o Mago.

---

127. *Como no caso da* metempsicose, *ou transmigração da alma, ou reencarnação.*
128. *Derivado do nome de seu fundador Jeremias, chamado Bogumil (amigo de Deus, do búlgaro* bog: *Deus, e* mil: *amigo).*
129. *O termo* Gnosticismo pré-cristão *busca identificar o período histórico no qual o Cristianismo começou a se manifestar como nova religião fora da cultura hebraica, testemunhando a sua presença, ou seja, o início de sua missão evangelizadora pelo mundo.*

O conflito assim prontamente descrito nos Atos aponta em realidade a presença, já pouco após a morte de Cristo, de movimentos e doutrinas gnósticas prontas para deter o primado da verdadeira iluminação. A *gnose simoniana*, como é definida a doutrina de Simão, o Mago, não foi nem limitada no tempo, nem tampouco circunscrita no espaço: no segundo século depois de Cristo, patriarcas da Igreja como Irineu, Justino ou Tertuliano combateram-na duramente, e seu êxito só serviu para aumentar suas filas até que chegassem à capital, Roma. O movimento nascido do homem que Dante pôs no inferno por haver tentado comprar a faculdade de comunicar-se com o Espírito Santo fez adeptos não apenas na Palestina e em Roma, como também em algumas regiões da Grécia. Também nesse caso a gnose *simoniana* manifestou-se com um poderosíssimo componente dualista, mas ainda mais interessante talvez seja a constatação de como concepções elaboradas às margens do Judaísmo haviam adquirido força e uma considerável influência na estruturação das primeiras formulações da doutrina gnóstica.

As concepções gnósticas influíram notavelmente também sobre alguns movimentos batistas que nasceram na região sírio-palestina. Tais movimentos foram principalmente restritos às zonas em que se manifestaram, mas em diversos casos a força de suas idéias se fez sentir em países muito distantes. Roma, mesmo já tendo se tornado quase totalmente domínio da nova religião, a cristã, continuava a manifestar e a hospedar em segredo movimentos, correntes e cultos que se contrapunham duramente ao novo poder constituído. Os mandeus foram uma das seitas religiosas que se desenvolveram a partir de tais premissas. Sua origem permanece ainda hoje um enigma de difícil solução, mas a hipótese mais viável vincularia-os aos últimos discípulos de João Batista. No próprio Evangelho de João entrevê-se, de fato com razoável clareza, como os discípulos de João Batista atuaram ao lado dos de Cristo, muitas vezes com motivos contrastantes. Quando Cristo foi reconhecido como o novo Messias, que veio para salvar os homens, a figura de João Batista foi automaticamente excluída da expectativa messiânica que até então lhe era atribuída, transformando-o naquele que teria apenas preparado o caminho para o Salvador. Esta intrincada disputa teológica divide, ainda hoje, estudiosos em todo o mundo. Há quem defenda a hipótese de que o verdadeiro Messias fosse o próprio João Batista, e que Cristo fosse um homem extremamente carismático, que reunia as condições de atrair maiores simpatias de sua parte. Trata-se, obviamente, de simples elucubrações, privadas de comprovação histórica plausível e objetiva, mas a seita dos mandeus indica-nos um pequeno grupo de homens que permaneceram totalmente fiéis aos ensinamentos de Batista.

A despeito do quanto se poderia acreditar, um pequeno grupo de fiéis mandeístas existe ainda hoje entre os rios Tigre e Eufrates, significativamente redimensionado e quase eliminado por decênios de opressão do ex-ditador iraquiano Saddam Hussein. A denominação da seita deriva da palavra *manda*, que curiosamente significa "gnose". A tradução literal do termo *mandeus* soa, por isso, como "os gnósticos". A comunidade definia-se sob outro nome, bastante interessante, os *nazoreus*, como fizeram antes os cristãos presentes na Síria. É interessante notar como o termo assemelha-se muito com o semítico *nazireus*, *nazareus* ou *nazarenos*. O nazarenato era uma particular forma de consagração a Deus, uma espécie de voto no qual o indivíduo, por um determinado período de tempo, comportava-se com absoluto respeito às regras religiosas.[130] A mesma denominação de Cristo, "nazareno", parece com efeito não ter nada em comum com a cidade de Nazaré,[131] que uns e outros acreditam não tivesse sido ainda construída, após o trágico episódio do suicídio ritual em massa dos defensores hebreus da fortaleza de Masada, assediada pelos romanos em 68 d.C. João Batista e Cristo eram, sob alguns aspectos, semelhantes nas características físicas, pois ambos usavam longas barbas e longos cabelos, e suas missões começam em uma tônica de total respeito pela antiga lei judaica, sobretudo para purificá-la das intromissões pagãs trazidas de Roma (como no caso dos mercadores expulsos do templo por Jesus).

E não é só isso. A descoberta dos Manuscritos do Mar Morto, em Qumran, depois da Segunda Guerra Mundial, atraiu a atenção dos estudiosos sobre a desdenhada comunidade dos Essênios e sobre seu Mestre de Sabedoria, cujos ensinamentos o Batista e o Cristo pareciam haver atingido plenamente. Em todo o caso acredita-se hoje que provavelmente João Batista e Cristo fizeram voto de Mazarento, voto esse que os mandeus transmitiram por gerações para preservar a antiga memória de seu mestre espiritual.

A comunidade gnóstica mandeísta difere notavelmente dos outros grupos gnósticos até agora tratados. Mas se os textos sacros remontam ao século VIII d.C., uma forte tradição oral fez com que muitas informações fossem transmitidas oralmente por obra de seus sábios. Elemento fundamental do rito mandeu é seu batismo ritual, uma forma de purificação e expiação associada à unção com óleo. A comunhão é oficiada como no culto cristão, mas seu significado distancia-se muito dele, constituindo elemento importante para revigorar a alma e permitir a futura redenção. Entre os mandeístas não existe um Demiurgo com a conotação própria do Gnosticismo, mas existe um mal, perverso causador de desastres. Poderíamos,

---

130. *Que compreendia a abstenção de bebidas alcoólicas, de relações sexuais, do corte dos cabelos e da barba.*
131. *Os teólogos são quase unânimes em considerar falsas as referências a Nazaré no Novo Testamento. O próprio São Paulo não menciona mais a cidade, nem os mapas ou os documentos romanos citam mais tal povoado. Isso muito provavelmente porque, à época, ainda não existia.*

talvez, considerar esse grupo religioso-Gnóstico um tipo de proto-Gnosticismo cristão, uma forma *híbrida* entre o posterior Gnosticismo cristão e os antigos cultos maniqueístas ou bogomilistas.

O próprio Cristianismo foi permeado, ainda mais profundamente, com relação a cultos como o maniqueísta e o bogomilista, por uma visão gnóstica da vida de Cristo. Uma prova muito importante sobre a existência de tal fé *alternativa*, ou *Cristianismo Gnóstico*, foi descoberta em 1945 em uma decadente cidadela egípcia, Nag Hammadi. Escavando em um cemitério, foram descobertos, por obra de dois camponeses, 53 textos até então totalmente desconhecidos, mas que constituíam uma fonte única e fundamental para se compreender o Cristianismo das origens. Hoje conhecidos como os Evangelhos Gnósticos,[132] esses documentos de tradição copta desenterrados há seis décadas lançam nova luz sobre nossa História, mas também deixam provas do imenso expurgo que foi implementado pelos primeiros patriarcas da Igreja contra *todos os que haviam realizado escolha diversa*, que tinham escolhido ser diferentes, heréticos. Não é possível desconsiderar que essa forma de Cristianismo fosse capaz de penetrar no interior dos confins italianos. A forte opressão, mas sobretudo o grande medo de que fosse revelada, não permitiu que nos deixasse qualquer traço.

No contexto do Gnosticismo cristão não se manifestou apenas a corrente descrita nos evangelhos de Nag Hammadi, sendo também cristãos gnósticos aqueles que seguiram e dialogaram com grandes apóstolos, como o próprio São Paulo. Quando o *codificador* do Cristianismo achava-se próximo a Corinto, os neo-cristãos convertidos foram literalmente seduzidos por um espírito de êxtase no qual se sentiram arrastados e levados pelo espírito divino. Os coríntios acreditavam haver já alcançado a perfeição graças à intercessão do Espírito Santo, que lhes havia dado ainda o *tempo da salvação* (I Cor 4,8), enquanto na realidade tratava-se provavelmente de uma primeira forma de histerismo religioso exasperado *ante-litteram*.

Se algumas dessas correntes gnósticas tiveram um papel menor ou marginal dentro dos confins italianos, todas, de algum modo, assumiram uma missão de fundamental importância: a preparação de um terreno fértil e de uma nova forma de consciência para uma visão de mundo diferente. Para os estudiosos e esotéricos que nos séculos seguintes interessaram-se pelas ciências arcanas, o passado do Gnosticismo constituiu sempre uma base sobre a qual apoiar-se, uma fonte que se deve conhecer, mas sobretudo um instrumento essencial para contrapor-se à hegemonia e ao obscurantismo sustentados por séculos pela Igreja. Os próprios herméticos renascentistas tinham uma profunda consideração pelas obras e pelo pensamento expresso nos séculos do Gnosticismo, sendo por ele influenciados mas, ao mesmo tempo, avançando em novas especulações.

---

132. *Os* Evangelhos Gnósticos, *editado por Luigi Morali, Adelfos, Milão, 1994.*

Mas, se algumas correntes não se manifestaram nem mesmo na Itália, com perseguições ou cultos públicos, seus ideais e sua força permearam por séculos o espírito daqueles *pensadores liberais* que procuraram, com seus estudos e suas obras, infundir nas pessoas um novo espírito. Principalmente na alta Idade Média, como também depois, a premência de sobreviver à fome e às doenças fez com que as pessoas voltassem a atenção para *outros* problemas, considerados menos contingentes mas também patrimônio de uma restrita *elite* de pessoas que podia se permitir o luxo do debate de idéias e da cultura.

Em 1223, o Papa Gregório IX, que haveria de excomungar pouco depois Federico II, lança uma cruzada contra a heresia cátara. O ponto de partida daquela que passou à História como a Cruzada contra os Albigenses protagonizará, na França meridional, a destruição da última fortaleza cátara, em Montségur, com a assustadora súplica final de seus heróicos defensores.

O único eco Gnóstico de que se tem notícia na Itália foi a heresia patarina, uma doutrina que teve muitos seguidores e diversas ramificações em todo o território italiano.

A 2 de outubro de 1185, o papa Lúcio III intimou o bispo e o clero de Rimini, por meio da promulgação de uma bula, a que erradicassem toda a forma de heresia que se apresentam em seu território. Chegara antes a Roma a notícia de que vários líderes da heresia patarina achavam-se dentro dos muros da cidade.[133] É, essa, uma das primeiras provas[134] que documentam a presença cátara dentro das fronteiras italianas. Um século depois, em 1233 e em 1278, foram queimados 60, e depois 200, patarinos acusados de heresia.[135] Mesmo a rica e florescente capital lombarda não escapou à penetração dos novos ideais heréticos. O protesto religioso dos pátaros milaneses, ou seja, dos "miseráveis", procurou manifestar suas exigências de renovação moral e advertir a igreja e o arcebispo de Milão para que se adequassem aos preceitos evangélicos.

Tal movimento expressou a exigência de uma reforma religiosa e moral, mas foi também uma clara prova da independência do poder feudal e papal. Todos os indícios das numerosas comunidades patarinas italianas perderam-se no transcorrer dos séculos, inclusive em função da política de obscurantismo levada a cabo pela Igreja Católica, mas sabemos que foram numerosas e espalhadas por diversas regiões, como a Toscana, a Emília Romagna, o Vêneto e a Lombardia. A heresia patarina demonstrou uma clara influência maniqueísta e enfadonha, com sua doutrina e seus preceitos, de uma Igreja que se tornara nesse meio tempo a manifestação de um

---

133. *VI, XXXVII*, in J. P. Migne, Patrologie Cursus Completus, Series Latina, *Paris, 1844-64*.
134. G. Zanella, Hereticalia. Temas e Discussões, *Cisma, Espoleto, 1995*.
135. *A presença patarina em Verona é comprovada pelo menos desde 1233, quando o que seria uma crônica da época reporta-nos a uma execução que havia envolvido dezenas de indivíduos.*

poder muito mais temporal que religioso. Rimini e Verona foram apenas duas dentre as numerosas cidades que implementaram uma política de repressão total contra esse movimento. A própria cidade de Milão conheceu uma violenta e sangrenta oposição eclesiástica, que se consumou com a intervenção da Santa Inquisição e o conseqüente lançamento à fogueira de muitos patarinos, que foram exterminados radicalmente na fogueira, pela tortura e pela espada. A partir de um desses rituais conservados hoje em Florença podemos ler e compreender o espírito com que os patarinos combateram e aceitaram a perseguição católica: "Suporteis, pela justiça de Cristo, a fome, a sede, os escândalos, a perseguição e a morte: tudo isso suporteis por amor a Deus e por vossa salvação".

Sobre a enorme difusão dessa heresia e de sua tão grande força propulsiva, escreve Rino Cammilleri:

Cátaros, albigenes, bogomilistas, búlgaros, tecelões, pátaros: todos nomes diversos para o mesmo fenômeno; antes, mesmo essa variedade de denominações atesta a incrível difusão que teve a seita. Seus adeptos, que não desdenhavam alianças entre si com os muçulmanos com o fito de ferir a Cristandade, penetraram profundamente em todos os estratos sociais e especialmente naquele que hoje chamamos "baixo proletariado urbano", muito embora não poucos príncipes ou senhores "simpatizavam-na" com ela (ou a protegiam por aversão ao clero, em uma época em que o poder tinha de acertar as contas na presença de sacerdotes e bispos que ouviam antes ao Papa que ao príncipe: recordemos o longuíssimo braço de ferro entre Papado e Império pelo controle das investiduras episcopais).[136]

---

136. R. Cammilleri, A Lenda Negra da Inquisição, in *"Fogli", n°s 131-132, agosto/setembro de 1988.*

Após o Primeiro Milênio: Das Cruzadas ao Esoterismo dos Templários

A diversificada proliferação das heresias, por um lado, e a crescente difusão do Islã, por outro, levaram a uma crença irracional de que o final do primeiro milênio da Era Vulgar seria a data fatídica do Juízo Universal, ou seja, aquela do iminente fim do mundo. "Mil e não mais que mil", acreditava-se; "Dies irae, dies illa...Solvit seculum in favilla", recitava não sem motivo o Dies Irae, fazendo referência ao "Dia da Ira" (divina), com o qual o século terminaria para tantos com as chamas eternas. Nesse período de terror apocalíptico, temos a ascensão ao pontificado do primeiro papa francês, Gerberto, feito pontífice com o nome de Silvestre II, em 999. Profundo erudito e estudioso de múltiplas disciplinas, grande esotérico e fundador, próximo à Abadia de Bobbio (Piacenza), de uma revolucionária escola empenhada em fundir a tradição cristã com a cultura grega e a Ciência árabe, Gerberto era bispo de Ravena, combateu a psicose do ano mil, passando à História como um pioneiro no uso do ábaco e no estudo dos corpos celestes, enquanto sua extraordinária cultura fez com que fosse chamado de "o Papa Mago", originando muitas lendas a seu respeito, entre as quais aquela de que teria construído uma misteriosa cabeça, animada e falante, capaz de responder à altura às suas diversas perguntas em virtude de um pacto com o diabo. Quem sabe um computador *ante litteram*? O que é certo é que Gerbero concebeu também a primeira Cruzada para libertar a Terra Santa, que se concretizou todavia apenas um século depois. E será de fato a libertação do Santo Sepulcro que ampliará para além dos limites as fronteiras do Esoterismo.

Nasce de uma exigência moderna, fruto das hipóteses e das descobertas dos últimos dois séculos, a necessidade de se dedicar espaço a um tratamento coerente mas necessariamente sintético daquele fenômeno que a partir de então passa a ser conhecido como *Esoterismo templário*. Longe de nós entediarmos o leitor discorrendo sobre o ordenamento, a hierarquia e o aspecto esotérico da Ordem, por alto já várias vezes tratado por outros autores, há, além dessas características, muito mais e nos parece que urge ocupar-nos exatamente disto.

A Milícia dos Pobres Soldados de Cristo e do Templo de Salomão, conhecida mais comumente como Ordem dos Cavaleiros Templários, realmente legou aos estudiosos dos últimos séculos amplo material de discussão e debate. Por sua vez, o nosso país não constitui mais a sede do poder temporal e burocrático dessa Ordem, mas modelou-a profundamente, ou seja, atingiu aquela sua linfa vital e subterrânea que ainda hoje suscita tantas discussões.

O mistério nascido em torno da faceta esotérica da Ordem Templária fascina há séculos gerações de estudiosos. Em meio à grande desordem em que se está hoje, e fixadas no passado, as investigações sobre "os Pobres Cavaleiros de Cristo" têm freqüentemente deixado de lado – ou por vezes ignorado – informações e dados que nos dão testemunho de um conhecimento oculto, reservado a poucos eleitos, no contexto da hierarquia mais alta da Ordem. Como em todos os campos do saber humano, não existe mais um caminho equânime, que possa exprimir ao mesmo tempo todas as facetas de um determinado argumento. Existe uma tendência, na realidade, de se querer ver apenas aquilo que interessa ou considerar só o que parece mais conveniente. Assim a História fez com a Ordem dos Templários. Lendo hoje qualquer obra acadêmica sobre essa Ordem militar não se encontrará mais nenhuma informação que leve em consideração os aspectos mais recônditos da própria Ordem. Por um lado, tal postura poderia ser plenamente justificável, tratando-se de informações sobre as quais temos poucas e frágeis provas, e sobre as quais, para alguns, seria inútil preocupar-se em encontrar explicações concretas. Mas seria realmente inútil? Talvez um certo tipo de visão se auto-limite quanto à possibilidade de se compreender determinados fatores por meio dos poucos dados indiciários à nossa disposição. A coleta e o estudo de tais fragmentos tem sido, porém, realizada, da forma mais ampla, por aqueles que não são vinculados a obrigações acadêmicas ou de estrito rigor histórico.

Em boa parte, o Esoterismo templário poderia ser reduzido àquilo que a própria Ordem havia relatado em sua pátria de origem após uma primeira permanência na Terra Santa. Tal hipótese, ao lado dos contatos que vieram a estabelecer com os muçulmanos, com a seita dos Hashashin (os assassinos guiados pelo Velho da Montanha), com cabalistas hebreus e provavelmente ainda com as primeiras manifestações do movimento sufista, poderiam explicar a enorme bagagem de conhecimentos que a Ordem trouxe à Europa.

A começar pela herança hebraica (sobre anjos, anjos caídos e a sua descendência de Nephilim, concebidos pelas mulheres e os demônios da mais antiga tradição, a começar por Lilith), passando pela islâmica sobre Jinn (ou Geni), até aquela sobre a verdadeira cruz, o Santo Graal e o Santo Sudário (que permaneceu com os Templários até que fosse trazido de volta à Europa). Todos esses dados, por alguns considerados puramente místicos, não são todavia anti-históricos, como em muitos casos se continua a afirmar até hoje, mas são, pelo contrário, verdadeira História para todos os efeitos. Foi muito provavelmente graças a esses conhecimentos que nós, europeus, ao longo das décadas e dos séculos, moldamos e alteramos profundamente o curso cultural de nossa História, mas, sobretudo, de nossos conhecimentos mais arcanos. A Itália não fez por menos, ao contrário, foi um importante ponto estratégico, fundamental para as cruzadas e para as próprias frota e tropa templárias. Todo o belo país concentra hoje uma miríade de igrejas, castelos e vilas que foram outrora patrimônio ou eram comandadas pelos Cavaleiros do Templo. Toda a Itália exala a antiga presença desta Ordem, que em diversas ocasiões deixou traços tão indeléveis quanto enigmáticos de sua passagem.

Em um período de profundas mudanças culturais, como foi a Europa entre os séculos XI e XII, nasce essa Ordem religioso-monástica, que consagrou a própria existência à reconquista e à defesa dos Lugares Santos e dos peregrinos, contra a incursão dos infiéis. A aura de mistério que desde sempre envolveu a Ordem dos Cavaleiros do Templo de Jerusalém, conhecida ainda com o nome de Ordem Templária ou dos Pobres Cavaleiros de Cristo, penetra nas próprias raízes históricas do século XII da Era Vulgar. Um grupo de nove cavaleiros reunia-se em torno de um nobre originário da Champagne, Ugo de Paganis, ou de Payns, ou de Payens. Junto a esse jovem aristocrático, uma companhia partiu para a Terra Santa com o nobre intento de defender a Cristandade e de resgatar a soberania do território palestino, caído sob o jugo muçulmano, para a Igreja Católica Romana. Entre 1118 e 1120 d.C. (a data é ainda hoje fonte de acesas discussões), o Rei Baldovino II, de Jerusalém, deixou a essa *fraternitas* o lugar que até então estivera sob sua jurisdição: a mesquita de Al-Aqsa (conhecido como o nobre recinto de Haram-esh-Sharif).

A Ordem nasceu misteriosamente. Não sabemos sequer se a data oficial em que esse grupo de nobres cavaleiros tornou-se conhecido no século XII seja exata. A História narra que foi fundada entre 1118 e 1120 d.C., a partir de um pequeno grupamento militar de nove cavaleiros. Nesse breve lapso temporal os objetivos da Ordem foram relatados principalmente ao Rei Baldovino de Jerusalém e a Bernardo de Chiaravalle, na esperança de que esses dois grandes personagens da época pudessem trazer novo vigor às filas da própria Ordem. A documentação histórica original fornece contudo, datas ligeiramente diversas. O conde de Champagne, entre os mais importantes dignatários, tinha já realizado uma viagem à Terra Santa em 1104, onde permaneceu por pelo menos quatro anos. Regresso à pátria, o conde sentiu novamente a necessidade, em 1114, de retornar aos Lugares Santos, desta vez porém com o objetivo explícito de se alistar na *Milice du Christ*, a Milícia de Cristo, um dos primeiros nomes pelos quais os cavaleiros Templários foram conhecidos. Mas os Templários nesse período não eram ainda nascidos!

Quem sabe alguma coisa já não se movesse nas sombras... Atestando a veracidade das palavras do conde de Champagne, existe um documento autografado pelo bispo de Chartres, no qual se afirma: "Ficamos felizes que... antes de partir para Jerusalém tivesse feito a promessa de entrar na '*Milice du Christ*', que desejasse alistar-se nesse exército evangélico"[137]. No contexto da carta, a denominação utilizada não pode se referir a nenhuma outra instituição, nem ao fato de que o conde quisesse simplesmente tornar-se um cruzado, sobretudo porque o bispo faria depois passar em revista os deveres principais que o ingresso nas filas desta milícia comportavam, ou seja, as mesmas obrigações que seriam pouco depois as mesmas da Ordem do Templo. Dessa enigmática passagem não se deve forçosamente presumir que a Ordem dos Cavaleiros Templários já tivesse sido fundada em 1114. Pode-se, todavia, supor verossimilmente que, nesse período, um pequeno grupo de homens, provavelmente boa parte dos quais seriam os futuros fundadores da Ordem, já houvesse entrado em acordo sobre a criação de uma nova instituição que deveria combater o avanço muçulmano. Mas porque permaneceu em silêncio desde então até 1118?

Até 1129, ano em que foram reconhecidos como Ordem religiosa-militar oficial pelo Concílio de Troyes, sua permanência nos recintos do Templo ainda é um mistério. Durante esse período nenhuma pessoa foi admitida na Ordem, e nenhuma tarefa específica foi-lhe assinalada que não a de proteger os peregrinos. Mas como podiam nove cavaleiros proteger milhares de fiéis? Existia já a Ordem Hospitalária, hoje conhecida como Ordem dos Cavaleiros de Malta, depois de sua retirada da Terra Santa, inicialmente, e de Chipre, depois, que desempenhava essa tarefa. A resposta a essa pergunta suscita ainda hoje inúmeras indagações, ainda que fontes distintas, como Guilherme de Tiro, considerado um dos maiores historiógrafos do Oriente, não obstante um de seus maiores detratores, houvessem indicado que o grupo inicial não fosse de nove, mas sim de 30 cavaleiros.[138] Nove ou trinta que fossem, eles não estariam certamente prontos para enfrentar as montanhas e os ataques de centenas ou milhares

---

137. *Bouquet, Recueil de Historiens, vol. 15 (Epistolae Ivonis Carnotensis Episcopais), p. 162.*
138. *Miguel Siriano, patriarca de Antióquia, relata que o número real de membros da primeira* fraternitas *templária era de 30 e não de nove indivíduos. Tal inexatidão deve-se, segundo diversos estudiosos, a Guilherme de Tiro. É possível, contudo, que o grupo original de nove cavaleiros fosse acompanhado por um destacamento de escudeiros e servos, o que poderia explicar a discordância que havia entre os dois valores numéricos.*

de muçulmanos. Em todo o caso, essa questão não é a única que permanece sem resposta.

Por que Baldovino II, irmão de Godofredo de Buglione, deveria conceder um lugar tão importante quanto a própria capela no interior do recinto do Templo a um grupo de nove ou mais cavaleiros que vinham de regiões distantes e eram desconhecidos de todos? Parece-nos extremamente difícil acreditar na versão histórica oficial, segundo a qual os nove cavaleiros teriam recebido de presente a Haram esh-Sharif pelo fascínio e os fortes ideais demonstrados nos confrontos por causa da Terra Santa. Mas se realmente a Ordem operava já há alguns anos, não seria mais simples cogitar que, tendo-se formado a Ordem Templária, esses recebessem por presente um terreno já anteriormente reclamado para propósitos não muito bem definidos?

As lendas que surgiram a respeito da permanência da Ordem sobre a montanha sagrada de Jerusalém são fortes ainda em nossos dias e são envolvidas por uma permanente aura de segredo e de mistério. Juntamente com outras fontes hebraicas, a *Bíblia* descreve-nos em diversas ocasiões como o monte Moriah era utilizado em períodos de guerra ou de perigo como *bunker* para tesouros e documentos importantes. A *Mihnah* hebraica, obra contida no *Talmud*,[139] diz que a "tenda do Conselho" era protegida nas criptas do templo com tábuas de madeira, suportes, travessões, colunas e argolas. Outras tradições hebraicas sustentam que a Arca da Aliança, o altar do incenso, o cajado de Aarão, a urna com o maná e as Tábuas da Lei (essas últimas depositadas na Arca da Aliança) teriam sido escondidas, durante um dos períodos de guerra, "em um vão secreto sob um madeiramento do lado ocidental do Templo, próximo do Santo dos Santos". Ainda na Idade Média, diversas tradições hebraicas nos falam de aposentos, galerias e túneis subterrâneos posicionados sob o antigo recinto do Templo de Salomão. Jehudah Ha Levi, médico e filósofo espanhol por nós conhecido com o nome de Judá, o Levita, que escreveu não apenas numerosos versos sobre a Arca da Aliança, como também um tratado intitulado *Cuzarì*, terminado ao redor do ano 1140 d.C., relatou também como ela permaneceu escondida sob o Monte do Templo:

> *No segundo Templo foi posta uma pavimentação de pedras no lugar em que deveria ficar a Arca, que foi oculta por trás de uma cortina, uma vez que os sacerdotes sabiam que a Arca havia sido guardada naquele local.*

Entre as fontes documentais que descobrimos, existe ainda o testemunho de um médico e filósofo espanhol, Maimônides (1135-1204 d.C.), nascido seis anos antes que Judá, o Levita, morresse, em 1141. No oitavo

---

139. *O corpo religioso sagrado para a religião hebraica.*

livro de sua *Mihneh Torah*[140] ele discorre sobre os ritos oficiados antigamente no Templo e reflete sobre o destino que a Arca sagrada repentinamente teve, baseando-se em um versículo do Segundo Livro das *Crônicas* (2 Cr 35,3), que tanto havia atraído o interesse dos primeiros rabinos:

> *Havia uma pedra perto do muro ocidental do Santuário, dentro da qual estava guardada a Arca. À frente dela havia uma urna contendo o maná e o cajado de Aarão. Quando construiu o Templo, Salomão sabia que estava destinado à destruição, razão pela qual preparou também salas secretas em que a Arca poderia ser escondida, em galerias profundas e tortuosas.*

Tais cômodos e túneis pareciam ser, portanto, confirmados por antigas fontes autorizadas.

Mas o Templo guardava, ainda, documentos antiqüíssimos que se referiam aos primórdios do povo de Israel, aos seus cultos e à sua História. O material de autenticidade confirmada era preservado em segurança e conservado zelosamente na Arca Sagrada. O profeta Josias, ainda segundo Maimônides, ordenou aos levitas que escondessem a Arca e os outros paramentos em um dos quartos que Salomão havia feito construir propositalmente sob o Templo por ocasião de um dos vários ataques à capital de Israel. Desaparecida e ocultada pouco antes da destruição de Jerusalém, em 586 a.C., por obra dos assírios (enterrada em Israel segundo alguns, levada para a Etiópia segundo outros), a Arca da Aliança, repositório de sacralidade e de poder por antonomásia, mandada construir por Moisés com base em "instruções angélicas", como demonstração concreta do pacto entre o povo eleito e Javé, era certamente algo além de um simples baú de lenho de acácia ornado em ouro e coberto pelas imagens de dois querubins: cuidadosamente transportada pelos levitas sobre barras de lenho (material isolante), era uma poderosa *arma divina*, aparentemente capaz de emitir descargas (elétricas?) tão fortes que queimariam quem a tocasse impunemente (como o capitão da guarda de Davi, Osa), vibrações (ultrassônicas?) aptas a enfraquecer e destruir em guerra fortalezas e até muralhas defensivas (como aquela de Jericó) e misteriosos fluidos que produziam pragas e ulcerações (efeito de radiações?) sobre os corpos dos inimigos de Israel (como no caso dos filisteus). Por outro lado, era capaz de levitar e de emanar raios luminosos e, detalha o *Pentateuco*, por meio da Arca (como também mediante os misteriosos Urim e Thummim inseridos no próprio peitoral) o pontífice israelita podia realmente dialogar com Deus...

Objeto tecnológico ou não, seria talvez a Arca perdida que os Templários procuravam? É no que acredita Laurence Gardner (*Os Segredos da Arca Perdida*, Newton Compton, Roma, 2004), segundo o qual em

---

140. *A Segunda Lei, proveniente de uma das obras fundamentais da Lei hebraica.*

1227 a Ordem do Templo passou a ter sua posse, transferindo-a depois secretamente para a Europa e ocultando-a em um subterrâneo secreto sob a Catedral de Chartres. Outras indicações de possíveis escavações promovidas pelos Templários debaixo do Templo de Salomão nos chegam de um peregrino do século XII, que se dirigia à Terra Santa. Johan von Würzburg [141] descreve sua visita a um dos estábulos de Salomão e nos conta como "eram grandes o bastante para receber dois mil cavalos". As fontes oficiais nos informam que tais escuderias poderiam conter não mais que mil cavalos; portanto, ou estamos nesse caso diante de um erro de interpretação da parte de Würzburg, ou a fraternidade templária havia trabalhado na *ampliação* interna do estábulo. As diversas reconstruções da esplanada do Templo e a posterior ascensão ao trono de Baldovino II haviam exigido o emprego de numerosa escuderia, mas aqueles que se encontravam no Templo não estavam em condições de hospedar o séquito de cavaleiros do rei de Jerusalém, nem eram funcionariais úteis aos fins práticos da defesa.[142]

Mas os detalhes que poderiam indicar trabalhos de escavação empreendidos pelos Templários na esplanada do Templo não param por aí. O italiano Ermete Pierotti,[143] Charles Wilson[144] e o general inglês Charles Warren[145] efetuaram durante sua permanência no local planimetrias e estudos arqueológicos extremamente detalhados,[146] fundamentais até hoje.[147] A partir dessas revelações foi possível apurar que o Monte Moriah era perpassado, em quase todas as suas direções, por um túnel e cisternas de água.[148] Boa parte desta galeria[149] foi estudada e visitada, mas restam ainda muitos outros dutos ainda não descobertos e outros ainda não explorados.[150] A prova de tais afirmações deriva também de alguns levantamentos efetuados mediante uso de geo-radar, em fins de junho de 1990. O exame de uma parte dos muros perimetrais da esplanada do Templo produziu

---

141. *J. von Würzburg*, Description of Holy Land, by John of Würzburg, AD 1160-1170, trad. de *A Stewart*, Palestine Pilgrims Text Society, *vol. 5, London, 1897*.
142. *Sh. Gibson M. Jacobson David*, Below the Temple Mount in Jerusalem. A Sourcebook on Cisterns, Subterranean Chambers and Conduits of Haram al-Sharif, *BAR (British Archaeological Reports) International Series, S637, 1996*.
143. *E. Pierotti*, Plan de Jerusalem Ancienne et Moderne et Plan du Mont Morija ou le Haram ech Cherif des Arabs, *do Atlas de la Palestine, S.1.1888*
144. *Ch. W. Wilson*, Ordnance Survey of Jerusalem, *R.E. 1886.*
145. *Ch. Warren – Ch. W. Wilson*, The Recovery of Jerusalem: A Narrative of Exploration and Discovery in the City and the Holy Land, *Appleton, New York, 1871.*
146. *Tanto quanto lhe foi permitido pelo governo muçulmano.*
147. *informações a respeito podem ser encontradas por meio do* Palestine Exploration Fund *(PEF) inglês. http://www.pef.org.uk.*
148. *http://templarchronicle.homessead.com/SolomonsTemple.html.*
149. *www.campsci.com/museum/index.html.*
150. *www.templemount.org.*

resultados extremamente interessantes. Sob a camada de terra do portal de Hulda, ao lado da antiga estalagem de Salomão, onde ficavam os Templários, foram identificados *buracos artificiais* cujo topo parece ser recoberto por *barreiras de escombros*. Segundo numerosos pesquisadores que se interessaram pelo fato, poderia se tratar de salas subterrâneas ocultadas por uma camada superior de detritos. Análises detalhadas têm repudiado a origem natural de tais cavidades, inclinando-se para uma possível origem artificial. Essa descoberta leva-nos a concluir que possam existir ainda, sob o Monte do Templo, galerias, salas e túneis talvez inexplorados por séculos. Os instrumentos que têm sido empregados nessas pesquisas contaram com o emprego de um geo-radar muito sofisticado, que irradiava no terreno ondas a uma freqüência entre 90 e 900 Mhz. As diferenças dielétricas da rocha indicaram, assim, a presença, em um caso específico, de um cômodo subterrâneo. Existe de fato uma constante nas cavidades presentes na rocha que corresponde a cerca de 1.0, enquanto no restante leito rochoso o valor gira entre 9 e 11. Diante das vantagens da análise da descontinuidade dielétrica, os estudiosos têm condições de identificar graficamente cavidades e estruturas sob o palácio do Monte Moriah. Os geo-radares são instrumentos extremamente sofisticados que, graças à emissão de ondas no terreno, conseguem reproduzir com um mínimo de margem de erro a situação presente nas camadas inferiores do solo e ainda identificar eventuais restos fósseis, cavidades ou qualquer coisa que se destaque em meio às formações normais do solo sob exame. As zonas objeto desse estudo são aquelas perimetrais, ou adjacentes ao Templo, e mesmo internas, mas subterrâneas. Trata-se dos muros dos lados oeste, sul e de parte do muro leste. Esses dados levam-nos a indagações extremamente interessantes. Quem e por que construiu tais túneis? Quantos são? Mesmo tendo, no decorrer de décadas, sido descobertos numerosos túneis, galerias e salas subterrâneas, seguramente outros permanecem ainda escondidos, como aquele descoberto sob o portal de Hulda.

Uma curiosidade vem ainda de uma descoberta casual ocorrida em 1944 em Acri (na Palestina), sede, desde 1291 d.C., de um importante destacamento templário. Evidências examinadas identificaram nos subterrâneos da cidade um túnel da metade do século XII, posteriormente identificado como de origem templária, que se essendia por mais de 350 metros do porto do forte, a leste da cidade, até a parte oeste de Acri. Esse sistema de galerias, segundo os estudiosos, foi utilizado como reserva especial de água, ou seja, como instrumento preferencial de fuga em caso de perigo.

Fica evidente que os Templários não eram totalmente desconhecedores das técnicas de escavação hipogéias, mas, ao contrário, sabiam utilizá-la para diversos fins. A presença de túneis, salas e galerias sob o Templo de Jerusalém parece-nos um dado confirmado. Arqueólogos e pesquisadores, tanto quanto é possível atualmente, conduziram e continuam a conduzir interessantes descobertas em seu interior.

Mas o que poderiam ter encontrado os Templários sob o Templo de Salomão? A pergunta atrai ainda hoje pesquisadores e curiosos. A única prova objetiva a que podemos nos referir com alguma segurança, mas avaliando-a obviamente de maneira crítica, constitui-se do famoso Rolo de Ramos, descoberto em 1947 entre os manuscritos encontrados próximo a Qumran.[151] Com base nas provas hoje em posse dos pesquisadores, esse rolo foi escrito pela já estudada seita hebraica ortodoxa dos essênios, que lá viveu por cerca de 210 anos, de 140 a.C. a 70 d.C. aproximadamente, e que abandonou Jerusalém para se estabelecer em um povoado próximo ao Mar Morto. A decisão dos essênios de deixarem a cidade santa foi ditada pela corrupção e pelo afastamento religioso que assolava o povo. Curiosamente, no rolo sob exame são mencionados esconderijos contendo documentos e tesouros enterrados[152] pouco antes da destruição de sua comunidade, em 70 d.C. Alguns desses esconderijos referem-se exatamente ao Templo de Salomão e a 24 tesouros que lá foram escondidos.

Mas as provas parecem não terminar por aí, e, como vimos anteriormente, pelo menos três diferentes expedições conduziram a escavações nas proximidades e em alguns locais da esplanada do Templo, trazendo à luz passagens subterrâneas e galerias das quais se havia perdido as pistas ou das quais nem sequer tinha-se conhecimento. Infelizmente, em razão de séculos de prescrições muçulmanas, hoje não mais é possível realizar escavações no interior da Montanha Sagrada. É possível, contudo, fazê-lo externamente. Isso permitiu identificar, nas proximidades da entrada de Hulda, salas subterrâneas antes desconhecidas. A própria historiografia templária confirma que foram realizadas modificações quando a Ordem estabeleceu-se no interior do recinto sagrado. Segundo afirmou o monge e peregrino Theodoricus,[153] por causa da Ordem Haram sofreu notáveis modificações. Após muito trabalho, o complexo passou a ter à sua disposição enormes cisternas subterrâneas cheias de água e a área contígua ao Templo tornou-se "rica de lugares de passeio, jardins podados e salas de reunião".[154] uma verdadeira e genuína revolução completada no decorrer de algumas décadas.[155] Segundo outras fontes,[156] os Templários teriam colocado em atividade uma série de câmaras subterrâneas, utilizando-as como "lavanderias, lojas, celeiros, carpintarias e depósitos de outros gêneros".

---

151. L. *Moraldi*, Os Manuscritos de Qumran, *Tea, Milão, 1994.*
152. *Ainda dos próprios essênios.*
153. *Theodoricus,* Jerusalem Pilgrimage 1099-1185, *publicado por Wilkinson, The J. Hakluyt Society, Londres, 1988.*
154. *Theodoricus,* op. cit.
155. S. N. *Asher,* In Search of Solomon's Lost Treasure, *"Biblical Archaeology Review", vol. VI, n° 4, July-August 1980, pp. 30-41.*
156. S. *VesserBerth,* Our Jerusalem: An American Family in the Holy City, *1881-1949, Ariel Publ. House Jerusalem, 1988, p. 227.*

É um tanto quanto curioso notar como entre as obras de restauração conduzidas pela Ordem em Haram, mesmo a própria sede-mãe houvesse sofrido fortes modificações. A atual mesquita de Al-Aksa não difere significativamente de como projetaram-na e restauraram os Cavaleiros Templários. As modificações arquitetônicas e os restauros operados apresentaram-nos naquele tempo um estilo totalmente novo e original, para muitos pesquisadores comparável a um pré-gótico. O estilo introduzido realmente evidenciou fortes correlações, e até verdadeiros paralelismos, com aqueles que seriam futuramente os ditames desse estilo. Tal similitude levou inúmeros estudiosos[157] a cogitar que precisamente aos Templários devessem-se os conhecimentos utilizados posteriormente na construção de majestosas catedrais góticas na Europa.[158]

Os dados recolhidos podem nos levar a crer que provavelmente algo de singular tenha realmente acontecido durante a permanência da Ordem templária dentro do recinto do Templo de Salomão.[159] Aos dados históricos somam-se também os míticos e legendários. Os problemas da investigação atual dizem respeito, inclusive, a uma depuração dos dados que, com o passar dos séculos movimentos neo-templários e lendas populares acrescentaram à História real. Decerto algo muito importante foi descoberto sob a esplanada do Templo, e tal evento sediou, nos anos posteriores, a subversão de uma Ordem monástica e a descoberta de um segredo milenar.[160] Hugo de Champagne, antes da fundação oficial da Ordem, havia realizado não menos que três viagens à Terra Santa, todas voltadas a um único objetivo: muito provavelmente o de estudar o território e assegurar-se da colaboração dos governantes que ocupavam o trono na cidade de Jerusalém. Após sua última expedição, o conde de Champagne manteve importantes contatos com um jovem prior de origem inglesa, Stefano Harding, abade de Citeaux e eminente hebraísta. Desse conhecimento derivou um importante período de transição que ainda hoje assombra os historiadores da abadia cisterciense de Citeaux. Muito embora fosse uma Ordem contemplativa e pouco dedicada ao estudo dos antigos textos clássicos ou pagãos, os monges de Citeaux foram colocados em grande alvoroço por Harding, que chamou a si as melhores mentes de sua Ordem, pondo-lhes em um minucioso estudo dos antigos textos hebraicos. Uma prova histórica de tais eventos é dada por um dos mais importantes biógrafos de São Bernardo de Chiaravalle: o abade Vacandard.[161] Na biografia de São Bernardo, redigida por esse monge, o autor surpreende-se ao ver

---

157. Entre os quais Graham Hancock e Louis Charpentier.
158. Graffin Robert, L'Art Templier dês Cathedrales, Jean Michel Garnier, Chartres, 1993.
159. 1982. Digging for God and Country: Exploration, Archaeology and Secret Struggle for the Holy Land, 1799 to 1917. New York, Alfred A. Knopf Inc.
160. L. Charpentier, Os Mistérios dos Tenmplários, Atanor, Roma, 2001.
161. E. Vancard, Vie de Saint Bernard, 2 voll., Paris, 1895, e S. Bernard, Orateur, Rouen, 1877.

como uma Ordem como a cisterciense tivesse momentaneamente mudado o seu caminho depois do encontro entre Harding e o conde de Champagne. O próprio Vacandard narra como os monges foram encarregados do estudo dos antigos textos hebraicos e como foram convidados importantes rabinos da Borgonha para coadjuvar nos estudos que se desenvolviam em Citeaux. Por seis anos, as portas do monastério permaneceram lacradas, enquanto seus monges eram severamente conduzidos no trabalho pelo jovem Harding. Depois desse período, Hugo de Champagne retornou à Terra Santa para uma breve e secreta estada. Voltando à pátria, ofereceu a Harding, aproximadamente em 1115, um território na floresta de Bar Sur Aube, conhecida como Vale do Desgosto, sobre a qual o extremamente jovem Bernard de Fontaine (conhecido como São Bernardo) contruiria a magnífica abadia de Chiaravalle.

Não poucos estudiosos torcem o nariz diante desta série de vicissitudes. A História encobriu as verdadeiras motivações que conduziram o monastério de Citeaux a uma tão repentina mudança de rota, mas as poucas informações históricas que hoje possuímos nos permitem esboçar uma hipótese coerente e válida. Podemos cogitar que alguns nobres franceses tivessem conhecimento de um segredo sobre a possível localização de alguns tesouros sob o Templo de Jerusalém. As cruzadas tornaram possível a liberação da esplanada do Templo, lugar no qual alguns poucos homens podiam trabalhar sossegados e em total segredo na procura de tais objetos. As precedentes viagens do conde de Champagne haviam, além do mais, assegurado a colaboração dos reis coroados no governo dessa nova província. Nesse ponto entram em cena os primeiros Templários, compostos por um destacamento de poucos homens, enviados à Terra Santa com o objetivo oficial de liberar as estradas para os peregrinos, mas com o escopo real de conduzir escavações sob a esplanada do Templo. Nove anos permitiram assim a esse pequeno grupamento cumprir impassíveis sua busca, ao final do que retornaram à França com o total apoio do homem mais importante da época: Bernardo de Chiaravalle. O resto, podemos dizer, é História. Os Templários transformaram-se em pouquíssimos anos na Ordem mais poderosa que a História jamais conheceu. Uma potência que não encontrará rivais por toda a sua existência em nenhum campo, constituída de um poder que foi até mesmo superior ao da Igreja Católica. Alguns indícios podem revelar-nos o fruto dos esforços empreendidos por esses homens, mas trata-se de relatos que no momento ainda não podem ser corroborados por nenhum dado histórico objetivo, entre esses, a existência de "rotas templárias" secretas para o Novo Mundo (das quais teve conhecimento Cristóvão Colombo), partindo do porto francês de La Rochelle. A própria Maçonaria constituiu um repositório de conhecimentos e rituais que remontam aos antigos Cavaleiros Templários, a conhecimentos secretos referentes a uma Ordem que marcou a História. Contudo, nada permite hoje esclarecer as motivações que impeliram esses homens a montar uma operação de tal porte.

Responder à incógnita sobre o que realmente os Templários teriam encontrado sob o Templo de Salomão não é simples. Faltando uma base de referência, parece-nos totalmente inútil conjecturar ou procurar entender as motivações que estavam por trás de tudo isso. A História oficial deixou frágeis traços de uma concepção medieval limitada à descoberta de relíquias que se tinha por perdidas. O intelecto humano, somando os poucos dados à disposição, esboçou-nos uma idéia aproximada sobre um terreno ainda agora muito acidentado. Até quando não emergirão dos abismos do passado maiss dados sobre esse mistério é um enigma de difícil dedução.

Em tais pesquisas, a Itália não ocupou um papel fundamental nem de primero plano, senão como ponto de partida e de chegada para os homens e para as descobertas que eles trouxeram da Terra Santa. A Itália forneceu, todavia, a base sobre a qual a Ordem dos Cavaleiros de Cristo pôde mover-se a partir de sua fundação. O que esses indivíduos descobriram e relataram de sua permanência em Jerusalém fundiu-se e permeou profundamente a obra e o pensamento de outros homens e de outras correntes esotéricas na História da Itália e da Europa pelos séculos seguintes.

Federico II e a Efervescência Esotérica na Itália

ntre aqueles que se tornaram metaforicamente os porta-vozes de uma nova mensagem de conhecimento está Federico II Hoenstaufen, da Sérvia, um imperador que deixou traços indeléveis de sua passagem e de seu espírito na Itália. No plano histórico, sua ligação com a Ordem do Templo jamais foi adequadamente esclarecida. Seguramente não o influenciou diretamente, nem obteve o conhecimento dos segredos exclusivos dessa instituição, mas por se mover por esse binário é que foi logo levado a estabelecer contato e manter relacionamento com esses mesmos povos considerados infiéis pela Igreja Católica. As poucas informações hoje em nosso poder indicam, entretanto, que provavelmente não corriam boas relações entre o Imperador e a Ordem do Templo, relações essas que não se harmonizaram[162] depois da sexta cruzada, guiada pelo próprio Federico II, na qual os Templários ajudaram o monarca a estabelecer uma trégua de dez anos com os árabes.

Como ocorreria posteriormente com a Ordem do Templo,[163] mas de maneira sensivelmente diversa, também Federico II se viu obrigado a enfrentar diretamente os ataques da Igreja. Os atritos entre esse reinante iluminado e as hierarquias religiosas foram essencialmente causados pela manifesta má-fé do Papa Gregório IX que, havendo

---

162. *Provavelmente para se diferenciar da Ordem Teutônica.*
163. *Em 1307, quando o rei francês Felipe, o Belo, e o Papa Clemente V impetraram um processo fraudulento contra a Ordem do Templo, sob a acusação de heresia.O ano de 1307 é, portanto, o marco do início da "Cruzada" contra os Templários. O processo durou pouco mais de sete anos e encerrou-se com a morte na fogueirar de J. de Molay e, também em 1314, de Felipe, o Belo.*

pedido a Federico que reunisse um exército para empreender uma nova Cruzada contra os infiéis, ouviu a resposta de que não havia a possibilidade, em razão de uma epidemia de peste (1227). A História confirmou a afirmação de Federico II que, depois de conseguir vencer um forte contágio dessa doença, conseguiu reunir um exército bem considerável: mais de 42 mil homens. A peste foi usada, porém, como pretexto por Gregório IX para excomungar Federico, que logo se viu isolado. A tenacidade e uma educação rigorosa conduziram-no de qualquer modo à Terra Santa, onde, sem derramamento de sangue, conseguiu firmar acordos diplomáticos com o sultão do Egito, Al-Malik Al Kamil. Mas os sucessos são, às vezes, seguidos de desventuras e Federico viu-se obrigado a retornar à sua pátria em razão de desordens internas no reino. Encontrou o sul da Itália permeado de lutas internas incitadas por seu sogro Giovanni de Brienne, que na época era aliado do Papa. O acordo de São Germano com o Papa restaurou no poder Federico II, que então podia somar ao próprio título o de rei de Jerusalém. Profundamente esgotado no ânimo e no espírito, em 1250 o Imperador adoentou-se gravemente, não antes, porém, de ser traído repetidamente por aqueles em quem depositava a máxima confiança. Em 13 de dezembro do mesmo ano, o *stupor mundi* apagou-se no castelo florentino, deixando atrás de si uma profunda saudade e uma grande tristeza pelas obras e sonhos deixados por concluir. Uma aura de mistério e de veneração acompanhou a partir de então o grande Imperador, que foi artífice de grandes obras e de importantes inovações nem sempre compreendidas ou aceitas em seu tempo.

    Testemunho excelso deixado à memória perpétua, ou ao menos uma das mais belas construções de que o nosso meridiano pode se orgulhar, é o magnífico castelo octogonal de Castel Del Monte, hoje na província de Andria. Tal construção suscitou nos últimos séculos importantes indagações a respeito das funções a que se presume estivesse destinado. Entre as questões que mais têm atraído a curiosidade de estudiosos e pesquisadores está a incerteza sobre se o Castel Del Monte teria sido construído com o intento de ser uma fortaleza de defesa, ou melhor, se não era na realidade um *templo laico* desvinculado de qualquer vontade civil ou militar. Com o passar das décadas, aqueles que sustentam a origem esotérica do castelo têm proposto interessantes teorias que vêem em tal estrutura um laboratório astronômico, uma enorme estrutura de não muito claras finalidades esotéricas, um repositório de precisos conhecimentos, codificados na geometria e na arquitetura do lugar. A ausência de cozinhas, de refeitórios, de uma estalagem, de um fosso perimetral e de todos aqueles elementos típicos de uma estrutura defensiva com unidade do ponto de vista da habitabilidade tornam esse castelo um *unicum* no panorama do sul da Itália e da Europa inteira. Não é de se ignorar que depois da morte de Federico II a estrutura modificou-se mais vezes para sediar primeiro um cárcere e depois ainda uma residência de diversos senhores locais. Ao mesmo tempo, algumas teorias propostas desde o século XVIII, que sugeriam paralelismos não casuais entre tais estruturas e a grande pirâmide de Quéops, têm apresentado erros de avaliação ou teóricos com base nos vários relatórios e cálculos propostos. Isso, porém, não contradiz a possibilidade de que a estrutura possa ter sido efetivamente utilizada como um objeto de observação único da Arquitetura, excepcionalmente em condições de reunir conhecimentos tradicionais matemático-geométricos e astronômicos específicos, como ainda local preciso de *encontros esotéricos* e ambiente com a atmosfera ideal para o estudo e a interpretação de antigos manuscritos e documentos, hipótese, essa última, apenas indiretamente corroborada pela presença, na corte de Federico II, de estudiosos de origem árabe e hebraica.

Federico deixou uma forte impressão na História italiana e contribuiu para profundas mudanças que tiveram repercussão por toda a Idade Média. Em torno de sua corte, como testemunho de um fermento de idéias e de mentes nada inexpressivo, floresce a escola poética siciliana. A ele se deve a fundação da primeira Universidade em Nápoles e o novo impulso dado à Faculdade de Medicina de Salerno. A figura austera do comandante era mitigada pela do homem culto mas ao mesmo tempo do severo líder do Sacro Império Romano.

> *A transposição da estrela octogonal, ligada ao Esoterismo cristão, na planta de Castel Del Monte, representa de forma muito adequada a sacralização da autoridade sérvia: Castel Del Monte é o símbolo de Federico II, por representar a comunhão entre regnum e sacerdotium em sua pessoa.*[164]

Federico II transforma-se no arauto de um novo mundo, de uma nova cultura vinculada à descoberta dos segredos da Natureza e dos mistérios da criação. Conhece muito bem a linguagem esotérica da Antiguidade, o que é demonstrado por vários tratados bizantinos do século XIII, que citam seu nome ao lado de outras figuras próximas dele no mundo da cultura e da política. Considerando, por sua vez, o notório interesse do imperador por tudo aquilo que constituía a *cultura*, não é difícil supor que ele fosse voltado para e pessoalmente tivesse estudado textos referentes ao Esoterismo. Devemos nos recordar de que naquele tempo a Ciência era constituída por um único e heterogêneo universo no qual coexistiam correntes entre si muito diversas, e a decisão sobre se um argumento deveria ou não ser considerado *esotérico* ou fruto da *mão divina* dependia unicamente da vontade eclesiástica, mas uma vez tendo sido comunicado, Federico II não considerava totalmente aquelas prescrições tão caras

---

164. H. M. *Schaller,* Kaiser Friedrich II. Verwndler der Welt, *Göttingen, 1971, pp. 36-40, 86 e seg. In H. Gotze,* Castel del Monte. Forma e Simbologia da Arquitetura de Federico II, *Milão, 1988, p. 102, citado por P. Calzolari,* Presença Oculta e Manifesta do Imperador Federico II na Basílica de São Francisco de Assis. Frei Elias e a Conjuração do Silêncio, *retirado da "Episteme", n° 6 (cf. www.dipmat.unipg.it/~bartocci/ep6/ep6-elia.htm).*

à Igreja. Seja como for, em sua corte estiveram presentes estudiosos como Leonardo Fibonacci, o grande matemático que introduziu pela primeira vez na Europa o sistema numérico árabe,[165] como ainda o astrólogo Michele Scoto, autor de três tratados relacionados à História do Esoterismo, que podem ser plenamente considerados a *summa theologica* do saber astrológico e astronômico medieval: o *Liber Introductorius*, o *Liber Particularis*, a *Phisyognomia* e outras mais.

Estudiosos como Antonio De Stefano,[166] permitem compreender na justa medida o volume de textos que a biblioteca imperial concentrava sobre todas as áreas do saber humano, incluído o Esoterismo. Em seu *A Cultura na Corte do Imperador Federico II*, baseado em textos originais, o historiador siciliano faz saber como as estantes da biblioteca eram repletas de livros de todos os gêneros e como pela vontade de Federico, eram efetuadas constantemente novas aquisições. Ao lado do Esoterismo tradicional, também as matérias alquímicas despertavam um enorme interesse, sendo que a tal respeito ao próprio Scoto é atribuída a compilação de alguns tratados[167] alquímicos de extrema importância.

A figura, porém, que parece marcar de modo mais significativo os estudos alquímicos na corte de Federico II é a do Frei Elias da Córtona. Próspero Calzolari[168] completou recentemente uma análise extremamente aprofundada sobre a figura do frade, entre outros sobreviventes da construção da Basílica de São Francisco de Assis, na qual coloca em relevo não tanto o lado conhecido de homem da igreja[169] mas a dimensão esotérica e alquímica que parece ter marcado a vida desse homem. Ernst Kantotowicz,[170] em sua monumental obra sobre a vida e as realizações de Federico II, diz-se ao mesmo tempo seguro dos conhecimentos e das relações de *escambo cultural* que tiveram lugar entre Scoto e o próprio Frei Elias, e como ambos realizaram em conjunto diversos experimentos alquímicos que o próprio Scoto cita em alguns de seus escritos.[171]

---

165. *A relação que se desenvolve entre Federico II e Fibonacci é provada por uma dedicatória presente no* Liber Quadratorum, *de 1225, para o próprio Imperador.*
166. *A de Stefano,* A Cultura na Corte do Imperador Federico II, *Parma, 1990, p.63.*
167. *H. Haskins,* The "Alchemy" ascribed to Michael Scot, *in "Isis", n° 34, vol. X, 1928, pp. 350-359. Citado por Calzolari, ver atentamente: Cod. Lat. ms n° 164 (153), Bibl. Univ. de Bolonha: Incipit disputatio Scoti super arte alkimie, cc. 121 r-124 re Ms miscellaneo, s. XIV, Biblioteca Municipal de Poalermo, Incipit liber magistri Miccaellis Scotti in quo continetur magisterium, código especial Qq, A.10.*
168. *Op. cit.*
169. *Frei Elias foi íntimo amigo de São Francisco e dele recebeu uma bênção antes de morrer, sobre o Monte Alveme. Frei Elias foi o primeiro a anunciar a presença dos estigmas sobre o corpo do santo e entre 1232 e 1239 foi Ministro Geral da Ordem Franciscana.*
170. *E. Kantorowicz,* O Imperador Federico II, *Garzanti, Milão, 1994, p. 524. Citado por Calzolari.*
171. *E. Kantorowicz, op. cit.*

Depois de uma atenta e minuciosa investigação, Calzolari descobriu documentos nos quais se comprovam os estudos *sui generis* realizados por Frei Elias. Disto é exemplo o "Manuscrito 119",[172] conservado na Biblioteca Ricardiana de Florença, no qual vemos escrito: "*Fr. Eliae líber Alchimiae. Incipit líber alchimicalis quem frater Helyas edidit apud Fredericum imperatorem. Liber lúmen de luminum tramsactus de sarraceno ac arábico in latinum a fratre Cypriano ac compositus in latinum a generali fratrum minorum super alchimics*", ou ainda um manuscrito conservado na Biblioteca do Vaticano, proveniente do acervo de códigos reginenses, no qual se encontra uma obra dividida em três livros e composta por 256 folhas intitulada *Liber Fratris Ver. Eliae Generalis Ordinis Minorum praecepta artis chymicae ad Federicum Imperatorem.*[173] Justamente Calzolari comenta:

> Tudo quanto foi relatado parece, por si só, suficiente para suscitar um debate sobre por que a damnatio memoriae do braço direito de São Francisco havia até hoje impedido uma pesquisa, a menor que fosse, tanto no campo histórico, quanto no campo por assim dizer "tradicional" sobre a "correspondência" alquímica entre o Frei Elias e Federico II.

Na Biblioteca Nacional de Florença, Calzolari cita um manuscrito que já no título parece conter respostas às perguntas que nos colocamos até agora: o *Speculum artis Alkimie Frates Helyae O Min. S. Francisci, qui ex dicta arte componi fecit seu fabricare Ecclesiam S. Francisci in Assisio.* "Mestres arquitetos, guiados por Frei Elias, construíram depois a Basílica de São Francisco, utilizando-se da sagrada arte alquímica." Uma afirmação no mínimo singular, mas que nos chega diretamente por meio de documentos da época.

No que tange ao Castel Del Monte, Calzolari comenta:

> O edifício-símbolo de Federico II divide-se em três níveis distintos, assim como a Basílica de São Francisco, e em ambos os casos representa um caminho iniciático ao fim do qual se é conduzido, segundo a visão dantesca, "a rever as estrelas" (no Egito, o teto das câmaras mortuárias era estrelado como seria depois o das Lojas Maçônicas).

Efetivamente, diversas fontes tendem a ver mesmo no frei Elias um dos projetistas do Castel Del Monte.

---

172. *Cf. C. Rossetti*, Frei Elias de Assis: Síntese Biográfica e Bibliográfica, *in "Labrys", ano III, Perúgia, 1982, pp. 35-48. Citado por Calzolari.*
173. *Cidade do Vaticano, Bibl. Apost. Vat., ms. Reg. Lat. 1242, cc 1r., 11v; Ravena, Bibl. Classense, ms. LVII; cf.* Les manuscrits de la reine de Suède au Vatican. Réédition du catalogue de Montfauconet cotes actuelles. *Estudos e textos, 238, Cidade do Vaticano, Bibl. Apost. Vat., 1964, citado por Calzolari.*

Transcorrido não muito tempo, a historiografia oficial baixou voluntariamente uma cortina de silêncio e de omissão sobre a figura de Federico II e sobre todos aqueles que, cercando-o, ampliaram seus méritos esotéricos e culturais. Estes personagens não eram ilustres desconhecidos, mas a flor das Letras e das Ciências do tempo, e pelos séculos seguintes sintetizaram a alma e a mente de muito estudiosos. O braço direito da Ordem franciscana, um matemático e um esoterista, foram as figuras mais eminentes que participaram da corte de Hohenstaufen, em meio a uma miríade de outros letrados e especialistas que trabalharam em uma orientação independente do *stupor mundi*.

Os tempos haviam, então, mudado, sobretudo em relação à época em que foram compilados os *Cânones* e o *Decreto Graciano*, duas importantes coletâneas de textos eclesiásticos[174] que condenavam duramente toda a forma de Magia e Esoterismo. De tais normas derivou também o *Index Expurgatorius*, uma compilação de textos colocados no *Index* da Igreja Católica como antidoutrinários e perigosos.

O declínio da cultura helenística produziu na civilização árabe[175] um fermento cultural e esotérico definido pelos estudiosos como algo singular. A herança que esse povo recebeu deveu-se, em larga medida, aos contatos e às conquistas que eram levadas a cabo ao longo dos séculos e por meio das quais os povos árabes foram transformados em receptáculos e repositórios das antigas doutrinas orientais. Especialmente no século VIII, as invasões árabes levaram à descoberta de um verdadeiro meio de transmissão desses antigos conhecimentos, que à época foram codificados e ampliados pelos sábios muçulmanos. A conquista da península ibérica e a presença árabe na Sicília e no sul da Itália constituiu um claro exemplo de como esse saber oriental era transmitido e veiculado pelos séculos. A Espanha transformou-se, portanto, no núcleo da cultura esotérica árabe, mas também no principal instrumento por meio do qual tais conhecimentos conseguiram se infiltrar no contexto do mundo cristão. Tal sinergia não ficou, porém, restrita à cultura meridional apenas, uma vez que a concomitante presença hebraica ampliou e permitiu o desenvolvimento de uma nova forma esotérica e de um novo *hábito mental*, que consolidou profundamente a cultura medieval. Essa mesma sinergia foi relevante, sobretudo, em razão da tradução de textos árabes de fundamental importância, executada freqüentemente por hebreus espanhóis ou por clérigos católicos, geralmente apoiados por seus superiores hierárquicos. A investigação cultural, mas sobretudo a esotérica, levou à criação, entre os séculos X e XI, de famosas bibliotecas ou centros culturais em Córdoba, Sevilha, Almeria, Badajos,

---

174. *Compiladas principalmente pelo monge Graziano da Camaldoli, entre 1140 e 1150.*
175. *Ahmed Djebbar,* História da Ciência Árabe, *Cortina, Milão, 2002.*

Toledo e Saragosa, e filósofos árabes como Avicena e Averroé tornaram-se os pontos nevrálgicos da difusão da cultura oriental pelo ocidente. A presença simultânea e integrada das três principais culturas monoteístas, a hebraica, a cristã e a islâmica, permitiu e favoreceu a produção e o intercâmbio cultural esotérico de um modo jamais visto anteriormente, e também jamais verificada nos séculos seguintes. O próprio Avicena[176] afirmou: "Se desejas ser um filósofo naturalmente, qualquer que seja a religião a que tu pertenças, ouças o homem instruído de qualquer religião, eis o que diz a lei do filósofo".[177] Tal fermento *cultural* não tardou a ampliar os próprios confins além dos espanhóis, chegando a influenciar e a formar ainda numerosos pensadores na Itália.

Entre as figuras que principalmente hoje estimulam o interesse dos estudiosos e dos esoteristas encontramos aquele que de pleno direito pode ser atualmente considerado um dos pais da Literatura italiana: Dante Alighieri (1265-1321). A figura do grande poeta florentino, aproximada da do sábio esoterista, continua ainda em nossa época a suscitar o mesmo efeito de uma pedra lançada em um pântano. Que Dante em suas obras havia inserido noções de Alquimia, Astrologia, Cabala, Numerologia e Esoterismo em geral é hoje um fato notório.

Sob pretensas alegações de que ele teria se filiado a uma seita semelhante à Ordem Templária ou a pré-movimentos de caráter Rosa-Cruz existem ao contrário menos informações e provas.

Em sua Comédia são bem evidentes as influências de doutrinas heréticas, como a cátara e o Joanismo, mas nenhuma ligação direta nos permite afirmar indiscutivelmente que Dante fosse um membro. Entre as primeiras obras que tentaram aproximar o poeta do mundo esotérico, encontramos um texto de 1854, de Eugène Aroux, intitulado *Dante Hérétique, Revolutionaire et Socialiste*, com o enorme e não menos singular subtítulo de *Chave da Comédia Anticatólica de Dante, Pastor da Igreja Albigense na Cidade de Florença, Afiliado à Ordem do Templo, com Explicação sobre a Linguagem Simbólica dos Fiéis do Amor nas Composições Líricas, nas Narrativas e nas Epopéias Cavalheirescas dos Trovadores*. Autores como Aroux viram, em diversas obras de Dante, alusões e metáforas endereçadas aos irmãos da mesma comunidade herética, como também experimentos e composições literárias derivadas de movimentos dos quais o poeta teria sido membro. Uma passagem do *Purgatório* (Canto XXVII, 16-22) lembra, a título de exemplo, o martírio cátaro ocorrido poucos anos antes que Dante escrevesse a Comédia:

---

176. *Abu Ali al Husain ibn Abdallah Sima (Buchara 980 – Hamadan 1037 d.C.), conhecido pelo nome de Avicena, aliou uma rica formação cultural e esotérica a estudos naturalísticos e médicos. Por meio do seu* Canon medicinae *influenciou profundamente a Medicina medieval e impôs sua autoridade e sabedoria ao Ocidente latino.*
177. *Citado por R. Patai,* Alquimistas Hebreus. História e Teses, *ECIG, 1997.*

*Com as mãos cruzadas imobilizei-me
Olhando o fogo e imaginando de forma tal
Corpos humanos em chamas encontrei.
Voltou-se para mim o bom sinal
E Virgílio disse-me "Filho, tens sorte
Aqui há tormento, mas não morte."*

Dante assistiu à queda da Ordem do Templo e nasceu pouco mais de 30 anos após o ocaso da religião cátara. Logo, não é descabido cogitar que em suas numerosas peregrinações, sobretudo depois do exílio em Florença, ele pudesse tomar conhecimento de tais heresias. Sua própria cidade natal havia hospedado muitos cátaros pouco antes e durante o período das perseguições. Diante da argumentação de que Dante fosse um guelfo branco, ou seja, um moderado, os autores da hipótese esotérica contrapunham um tanto quanto energicamente os fatos históricos, isto é, o fato de que a própria facção de Dante perseguiu-o, obrigando-o a se refugiar junto a amigos-inimigos guibelinos. A complexa disputa sobre a interpretação e a resolução desse mistério não parece ter resposta, mas antes parece ser esporadicamente reacesa por novas descobertas ou novas interpretações.

Discute-se com freqüência sua possível participação no grupo esotérico-religioso conhecido como os Fiéis do Amor e na seita da Santa Fé, terceira Ordem templária. Como prova de tais afirmações, diversos estudiosos[178] constataram que no Museu de Viena existe uma pedra curiosa, um tipo de medalha de clara origem medieval, na qual, sobre um versículo, é retratado Dante, enquanto no outro se vê escrito o enigmático acrônimo "F.S.K.I.P.F.T.", decifrado por René Guénon como *Fidei Santae Kadosh, Imperialis Principatus, Frater Templarius*.[179] Mas se trata, obviamente, apenas de uma interpretação. Resolver a incógnita do "Dante esotérico" não parece realmente coisa simples. O grande estudioso de Magia do século XIX Eliphas Levi, em sua *História da Magia*, insistirá que "A Rosa de Flamel, aquela de Jean de Meung e a de Dante nasceram todas no mesmo terreno",[180] pretendendo significar que nasceram todos da mesma matriz alquímica. Um Dante que possuísse conhecimento alquímico ou esotérico macularia a imagem que temos dele? Provavelmente não, mas imporia uma diferente apreciação de suas obras e de seus pensamentos.

Mas quem eram os misteriosos *Fiéis do Amor* dos quais Dante teria feito parte? Curiosamente, a História apresenta algumas informações dignas de atenção. Os Fiéis do Amor foram uma Ordem iniciática de cunho poético-esotérico nascida no Ocidente durante o período das Cruzadas e posteriormente firmada em países do Oriente Médio como Egito e Síria.

---

178. *Cf. M. Poltronieri e E. Fazioli*, E Dante Escreveu sobre Magia, *Hermatena*, 2002.
179. Literalmente *"Kadosh da Santa Fé, do Principado Imperial, Irmão do Templo"*.
180. E. Levi, História da Magia, *Mediterranée*, Roma, 2003.

O objetivo principal de tal irmandade era o cultivo da poesia e a transmissão iniciática de um tipo de corrente doutrinária esotérica. Estudiosos como Guénon[181] conjecturam que tal movimento teria a posse dos conhecimentos Templários, adquiridos durante os contatos com a seita dos Hashashin, mesmo que a tal respeito não subsistissem provas irrefutáveis. O que hoje sabemos desta seita devemo-lo[182] diretamente a Dante e a Guido Cavalcanti, que imiscuídos em alguns versos respectivamente da *Vida Nova* e das *Rimas*, "codificaram" informações sobre a misteriosa Ordem.[183] Em uma tese algo singular foi proposto no distante ano de 1928 pelo estudioso Luiggi Valli,[184] em um texto que fascinou profundamente estudiosos como Guénon, Evola e Corbin. Segundo Valli, e posteriormente Guénon,[185] as diversas mulheres celebradas por poetas como Dante, Cavalcanti e Dino Campagni não deveriam ser consideradas como realmente existentes mas, mais que isso, como uma representação da *Dama*, aquela que Dino Compagni chamou *Senhora Inteligência*, ou seja, a sabedoria divina, que é a Gnose. Estas especulações dos princípios do século XX podem até não ser de todo privadas de coerência, tanto literária quanto esotérica. A doutrina dos Fiéis do Amor não foi, como recorda Guénon,[186] anti-católica, mas se coloca, pelo contrário, citando Corbin, "como uma religião na qual cada ser humano é orientado à procura de seu caminho pessoal".[187] O atento exame da obra dantesca têm favorecido as suspeitas de que mesmo nesse caso, como naquele do grupo de poetas que participaram do movimento do *Doce Estilo Novo*, exista um *código formalizado* no qual se encontrariam veladas as informações de Ordem esotérica e sapiencial.[188] A *Dama*, como vimos, constituía a alegoria do processo alquímico interior que sugere a alma feminina, enquanto o corpo físico encarnaria o *pólo masculino*, e o *amor cortês* representaria o elo entre os princípios presentes na Natureza andrógina do ser humano. Um estudioso do Esoterismo, Luis G. de la Cruz,[189] diz-se convicto de que tanto o pensamento quanto o método e a estética usados

---

181. *R. Guénon,* Orient et Occident, *Vitiano, Paris, 1964, e* O Esoterismo de Dante, *Atanor, Roma, 1990.*
182. *A condicional é obrigatória, uma vez que os textos de Dante e Cavalcanti aos quais se refere não apresentam uma exposição clara e textual de tal grupo mas, segundo autores como Poltronieri e Fazioli ou Valli e Guénon, deve-se ler as entrelinhas para que se possa compreender que nos relatam um cenáculo cultural. Tratava-se de um tipo de corrente subterrânea cultural-esotérica que influenciou numerosos autores no curso dos séculos.*
183. *Como o capítulo III da* Vida Nova.
184. *L. Valli,* A Linguagem Secreta de Dante e dos "Fiéis do Amor", *Roma, 1928.*
185. *R. Guénon,* O Esoterismo de Dante, *cit.*
186. *Op. cit.*
187. *H. Corbin,* L'homme et son ange. Initiation et chevalerie spirituelle, *Fayard, Paris, 1983.*
188. *L. G. La Cruz,* El Secreto de los Trovadores, *Edita América Iberica, Madri, 2003.*
189. Ibidem.

por Dante constituem uma alegoria desse processo. Virgílio representaria, por exemplo, a cultura antiga, enquanto Beatriz personificaria, ou aludiria, à Teologia. "Dante não era uma exceção, uma vez que igualmente todos os poetas do Doce Estilo Novo criavam inserindo ilusões crípticas em suas obras".[190] Guénon, Evola, Valli e Aroux acreditam que toda a obra poética possa constituir uma espécie de *dossiê informativo* entre os membros dos Fiéis do Amor, considerando que a função última desse poema, no caso de Dante, seria uma transmissão codificada de uma ideologia e de um conhecimento nos quais a Dama personifica o símbolo do sagrado conhecimento, da Gnose.

Se Dante foi realmente filiado a um grupo templário ou esotérico não saberemos jamais, ainda que seguramente com essas ordens partilhasse a coragem e o espírito combativo. O grande poeta florentino teve, provavelmente, ocasião de conhecer em profundidade o Esoterismo, mas a possibilidade de ver nele um adepto ou um mestre de qualquer seita não se encontra ainda hoje alicerçada em provas irrefutáveis. Qualquer conclusão a respeito não pode ir além do subjetivo.

---

190. Ibidem.

O Gnosticismo Hermético e a Escola Esotérica Italiana

A crítica moderna faz remontar o Gnosticismo Hermético ao período helenístico, mas guardando dentro de si fortes referências à tradição egípcia, situando-se a compilação de seus textos sagrados entre os anos 100 e 300 d.C. Em pleno florescimento Gnóstico, a variante hermética coloca-nos entre as numerosas escolas que procuraram recuperar e cultivar o *Nous,* a razão. Nesse período, de plena efervescência cultural e religiosa, uma confraria, que restará desconhecida para a História, assumirá o nome do grande iniciado egípcio Hermes Trismegisto, e produzirá, por sua vez, uma série de obras de altíssimo conteúdo sapiencial.

A presença, na História italiana, do movimento hermético, ocorreu na Renascença. Por tal razão, decidimos inserir nessa parte de nosso livro a sua discussão, mas elencando-a outrossim entre os movimentos gnósticos anteriores ao ano mil.

Antes de falar do movimento hermético e de suas importantes influências italianas é importante conhecer aquele que foi, e ainda é, conhecido como *Hermetismo Antigo* ou *Alexandrismo*. Como sublinha Ermanno Gallo,[191] "O Hermetismo Alexandrino está presente em diversas obras, escritas em grego, e encontradas na região de Alexandria, nos primórdios de nossa História". Trata-se do já citado *Corpus Hermeticum,* uma série fragmentária de documentos (conhecidos como *Hermética*), dedicados à Alquimia, à Astrologia, à Teosofia e à Teurgia. Sua tradução para o italiano foi feita no Renascimento por Marcílio Ficino, como veremos mais adiante. O autor de tais tratados seria o deus egípcio Toth, que posteriormente corresponderia

---

191. *E.* Gallo, Magos Xamãs e Bruxos, *cit.*

à figura grega de Hermes, em um período em que a tradição dá como correspondente ao do Moisés bíblico. Elementos fundamentais dessa corrente serão retomados e ampliados durante o Renascimento italiano e corresponderão à imaginação ativa, à iluminação e à revelação humanas, virtudes que podem ser obtidas por meio da prática e do conhecimento herméticos. O Hermetismo Alexandrino é contemporâneo a outros quatro movimentos esotéricos que foram fundamentais no futuro surgimento do Esoterismo moderno.[192]

Primeiramente encontramos o *Neopitagorismo*, uma corrente que se difundiu no mundo helenístico e romano logo no período compreendido entre o século II a.C. e o século III d.C., que se fez presente no panorama do pensamento esotérico sob as denominações de Aritmeticosofia e Numerologia. Trata-se de um movimento extremamente interessante, que procurou resgatar o significado especulativo do ensinamento pitagórico, então presente apenas como uma doutrina ético-religiosa. O Neopitagorismo foi, freqüentemente, confundido no passado com o Orfismo, mas hoje temos acesso a uma ampla literatura apócrifa, em meio a qual encontramos versos e cartas atribuídos ao próprio Pitágoras.[193]

Ao lado do Neopitagorismo encontramos o pensamento da chamada *Nova Stoà* (séculos I-III d.C.), desdobramento tardio do Estoicismo do ateniense Zenão de Cízio (a partir de 300 d.C.). Nos séculos seguintes, essa corrente foi extremamente importante pelo valor que atribuiu à Astrologia. "A partir do conhecimento do universo concreto, apregoa sua totalidade orgânica em situação de garantir o acordo entre a realidade terrestre e a celeste", eis a sábia definição de Gallo.[194]

A terceira corrente importante nesse movimento histórico foi o *Neoplatonismo*,[195] que foi extremamente importante durante o período hermético renascentista e que procurou, por meio de sistemas filosóficos e práticos, alcançar a *realidade suprasensível*.

A última corrente que constitui uma importante base para o Hermetismo, mas que se caracteriza em períodos posteriores como um movimento fechado em si mesmo, é a *Cabala* hebraica.

Essas quatro correntes constituíram o motor central da evolução do Hermetismo Alexandrino para o Hermetismo Gnóstico e na futura especulação renascentista italiana. A Itália do Hermetismo renascentista foi, de algum modo, condicionada de forma determinante por dois momentos tópicos;

---

192. *Cf. E. Gallo*, op. cit., *p.178*.
193. *Entre os principais expoentes desta doutrina encontramos Apolônio de Tiana, do século I d.C. (nascido talvez entre 30 e 40 d.C.), que compôs* Vida *e procurou imprimir atualidade à filosofia pitagórica.*
194. Op. cit.
195. *Fundado por Ammonio Sacca em 232 d.C., perdurou até o Edito de Justiniano, em 529 d.C.*

o primeiro, conhecido como o *grande equívoco*, no qual via-se em Hermes Trismegisto um personagem que realmente existiu, e o segundo, no qual se negou totalmente sua existência, atribuindo-se seus escritos a uma plêiade de *sábios* que no período Gnóstico-helenístico compilaram *Hermética*.[196] Este *desmentido* deu-se em 1614, por obra do calvinista Casaubon. A História, de qualquer modo, não nos forneceu muitas provas para análise aptas a dirimir tal confronto.

A Itália do século XV pôs-se na vanguarda no campo artístico, embora sob o aspecto religioso continuasse a ruminar uma certa forma de *cristalização*. Tal efervescência conduziu inevitavelmente os eruditos da época a romper com o antigo sistema escolástico-aristotélico, que havia então transformado-se em uma verdadeira e exata obrigação para todos aqueles que se dedicavam ao trabalho intelectual. Grandes pensadores do passado foram, de fato, ressuscitados por meio da tradução de seus antigos textos, e Platão, entre eles, foi eleito o novo baluarte da tradição cultural, sobretudo depois da radical ruptura com a visão de mundo aristotélica. De igual importância foi a conciliação, que a partir de então e por muitos séculos procurou-se levar a efeito, entre a visão do mundo clássico e a visão cristã. Mesmo no Renascimento, quando esses conflitos alcançaram seu apogeu, tais esforços foram intensificados e levados a bom termo. Era a idéia dominante da época, mas também um modo de procurar justificar de fato essa conciliação, que os grandes sábios do passado tivessem, de alguma forma, antecipado o ideal cristão codificando e dissimulando nas próprias obras idéias e conceitos de grande valor, mas ocultando sua compreensão ao homem comum.[197] Um grande impulso inovador foi conduzido ainda pelos gregos de Bizâncio, unidos na Itália em conseqüência da conquista turca de Constantinopla, último baluarte do Império Romano do Oriente, que levou ao conhecimento da Europa a grande cultura helênica. Foi precisamente nesse afluxo de obras para o Ocidente que se inseriram a tradição hermética e a Filosofia neoplatônica. Sua chegada a Florença guiou o desenvolvimento do Neoplatonismo renascentista e do Hermetismo que conhecemos hoje.[198] As figuras mais importantes que se destacaram na corrente neoplatônica[199] renascentista foram, juntamente com Nicola Cusano, a de Marsílio Ficino e a de Pico della Mirandola, entre outros grandes divulgadores das doutrinas herméticas. O intento de Cosmo de Médici de fundar uma nova Academia Neoplatônica se inseria, pois, no contexto de uma nova

---
196. *Hermes Trismegisto*, Corpus Hermeticum, Rizzoli, Milão, 2001.
197. B. Russell, História da Filosofia Ocidental, Longanesi, Milão, 1953.
198. A. della Torre, História da Academia Platônica de Florença, Florença, 1902.
199. *O Neoplatonismo renascentista foi uma corrente rica não apenas de influências platônicas e neoplatônicas, mas também das Filosofias esotéricas arcaicas.*

visão do mundo que tinha por modelo a antiga Grécia e a Academia que Platão havia fundado inspirando-se na comunidade pitagórica.

Autores modernos têm constatado como existem fortes analogias entre a Academia renascentista e as Lojas Maçônicas que desde o século XVIII começaram a se difundir pela Europa. Tais comunidades culturais, confrontadas com os círculos do século XV, pareciam reproduzir a estrutura e a hierarquia, ainda que de forma claramente diversa. Uma verdadeira explosão de círculos e academias grassou, assim, nas maiores cidades italianas, como Florença e Roma, terminando em fins do século XV a se manifestar em várias cidades européias, como Oxford, na Inglaterra.

Algumas descobertas realizadas no século passado têm permitido lançar melhor luz sobre o caminho que os textos conhecidos como *Hermética* têm trilhado em sua História.[200] A descoberta de uma versão copta de algumas partes do *Asclépio*, de um tratado hermético completo, até agora desconhecido, intitulado *A Ogdoade e a Enneade* e a tradução do armênio de *As Definições de Hermes Trismegisto* têm permitido confirmar a origem egípcia de uma parte dos seus tratados.[201] Os textos coptas descobertos fazem parte do material encontrado em 1945 em Nag Hammadi, no Egito. Tais descobertas suscitam, de qualquer modo, novas indagações sobre quem realmente teria compilado o *Corpus Hermeticum*.* Pelo que se pode verificar hoje, uma parcela significativa dos tratados provêm efetivamente do Egito, legitimando, por essa razão, ao menos minimamente, a lenda de Hermes egípcio, enquanto é todavia possível que, diante dos vários "deslocamentos" e recomposições, o texto fosse ampliado e modificado pelas várias versões em que se tornava disponível. A tal respeito é útil recordar como a mesma versão traduzida por Ficino contenha numerosos erros e imprecisões em relação ao original grego, a provar como até uma simples tradução pode alterar um texto.

> *A despeito de sua aproximação da especulação gnóstica, alguns estudiosos negam que um corpo de escritos chamado Hermética – que condensa as supostas revelações de Hermes Trismegisto, denominação grega do deus egípcio (lunar, n. d. a) Toth – tenha exercido alguma influência sobre o Gnosticismo [...] outras, ao contrário, consideram essa obra uma fonte primária para o movimento Gnóstico.[202]*

---

200. *Cf.. a parte introdutória ao* Corpus Hermeticum, *cit.*
201. *Citado em Hermes Trismegisto,* Corpus Hermeticum, *cit., nota à p. 7: "Traduzido para o francês, com texto armênio no frontispício, por J.-P. Mahé, in* Hermes em Haute-Egypte, II, Lê fragment du discours parfait enles definitions hermetiques armeniennes, Bibliotèque copte de Nag Hammadi, Section Textes *(Quebec), pp. 273-481".*
202. *D. Christie-Murray,* op. cit.
**N.E.:* Corpus Hermeticum - Discurso de Iniciação de Hermes Trismegisto, *lançamento da Madras Editora.*

Assim, o estudioso David Christie-Murray introduz em seu texto o complexo debate sobre Hermetismo Gnóstico. O Hermetismo origina-se da fusão de diversas doutrinas filosóficas, esotéricas e religiosas que adotam como ponto de partida a figura mítica de Hermes Trismegisto como senhor do conhecimento e do saber.

A lenda narra que apenas Hermes era apto a compreender a grande obra realizada pelo Deus supremo e que a teria transcrito em 20 mil volumes, condensando neles todo o saber humano. Hermes seria ainda o inventor da Escrita, do cálculo numérico, ou seja, dos próprios números, da Astronomia, da religião e de todas as artes. Esse mito lembra muito a crença dos povos antigos da Mesopotâmia, principalmente sumérios e ácades, que falavam em suas tabuletas cuneiformes do mítico deus antropomorfo e anfíbio *Oannes*,[203] de aspecto metade homem e metade peixe, que desceu à Terra para ensinar ao homem a *arte da civilidade*, mitos distantes que parecem, no entanto, interpenetrar-se. Em uma época mais tardia, Hermes será ainda conhecido como o *inventor* da Alquimia e a ele será atribuída a *Tábua Esmeralda*. Uma figura, portanto, que parece totalmente envolta no mito de um conhecimento superior que se manifestou a um homem depois transformado em ser semi-divino. Sua denominação, Trismegisto, ou seja, "três vezes grandes", suspeita-se teria derivado da consciência de si mesmo, que Hermes havia conseguido descobrir. O mito narra que na terceira vez em que viveu no Egito, e aqui surge um elemento caro ao Gnosticismo que é a reencarnação, ele teria se tornado ciente de suas outras duas existências precedentes, adquirindo assim uma tríplice sabedoria. De Hermes sabemos que existiram pelo menos três. Antigos autores árabes [204] narram que o primeiro Hermes viveu antes do mítico dilúvio universal, inventando e ensinando ao homem a arte da Astronomia; o segundo teria sido o mais importante médico e filósofo do Egito, enquanto o terceiro teria sido o maior alquimista da Antiguidade. Em época recente também procurou-se aproximar a figura de Hermes Trismegisto àquela do arquiteto real egípcio da terceira dinastia, Imothep. Esta aproximação é absolutamente ausente de fundamento e foi provavelmente construída pela aura semi-legendária que o próprio grande arquiteto Imothep adquiriu no curso dos séculos. Tratam-se de duas figuras distantes no tempo e no mito, mas que se interessaram por disciplinas semelhantes, senão iguais. Recorde-se que Ciência, Religião e Magia constituíam naquele tempo três ramos de uma mesma disciplina.

Os mais importantes textos do Hermetismo Gnóstico que hoje conhecemos são o *Corpus Hermeticum*, o *Asclépio* e a *Antologia de Estobeu*,

---

203. *Cf. E. Baccarini,* Oannes, o Mito do Homem-Peixe, *in "Arqueomistérios", ano III, n°13, janeiro-fevereiro de 2004, p. 78.*
204. *A. Sarane,* História da Filosofia Oculta, *Mondadori, Milão, 1984.*

uma coletânea dos tratados que sobreviveram dentre as obras de Hermes que se acredita tenham sido quase totalmente destruídos na época Alexandrina. Entre os textos mais conhecidos presentes no *Corpus Hermeticum* encontramos ainda o *Poimandres*, um livro que não conflita com o Cristianismo, mas que ao mesmo tempo é rico daquela corrente gnóstica que desaguou em parte do movimento. A Gnose hermética delineia-se pela constante procura e compreensão de Deus, que é visto como uma entidade inalcançável e incognoscível pelos meios de que dispõe a racionalidade, mas sobretudo dá ênfase à busca interior do homem como emanação da luz divina. O espírito do movimento hermético firmou as bases de um novo desabrochar da cultura e do Esoterismo clássicos, indicando, assim, novas linhas mestras que seriam posteriormente motivo de inspiração para a evolução do próprio Esoterismo.

Os primeiros tratados herméticos começaram a se difundir na cultura italiana do Renascimento graças à obra do monge Lionardo Macedônico. Proveniente do Império do Oriente, esses textos foram logo apresentados a Cosmo de Médici, senhor de Florença, considerado um grande mecenas e homem de cultura. Na segunda metade do século XIV, Marsilio Ficino dirigiria a Academia Platônica, um novo cenáculo cultural, que marcou profundamente a cultura renascentista Em 1462, Ficino recebeu do mecenas florentino a incumbência de traduzir a versão do *Corpus Hermeticum*, que havia sido descoberta pelo monge Lionardo da Macedônia, um trabalho que requeria diversos anos de fadiga, mas que renderia uma enorme fortuna editorial, sendo reeditado ininterruptamente até 1641. Com relação à tradução realizada por Ficino, os estudiosos são unânimes em considerá-la infiel ao texto original e repleta de erros e imprecisões.[205] Seja como for, em 1471 é impressa a primeira edição latina desses escritos herméticos sob o título de *Poimandres*, que no *Corpus* constitui apenas o primeiro tratado. A obra é dedicada, obviamente, a Cosmo de Médici, a quem Ficino exprime toda sua gratidão e alegria por haver concedido a ele conhecer essa antiga fonte de sabedoria egípcia. A obra foi um verdadeiro *best seller* do tempo; Cosmo mesmo viu-se obrigado a pedir que fosse interrompida a tradução das obras platônicas para dar prioridade a das herméticas. Surgiram, então, as primeiras dissensões sobre quem seria realmente Hermes, e falava-se freqüentemente dele como sendo a fonte da qual teria bebido o próprio Platão.

Ficino, à época, mal começara a traduzir o *Poimandres* e já começava também a se ver diante de seus dilemas ético-filosóficos. Antes de mais nada, a principal questão a que se buscou dar resposta foi se a Magia poderia, ou deveria, ser considerada uma arte de origem diabólica, ou seja, fruto do demônio. Como recorda Gallo:

---

205. C. *Moreschin*, História do Hermetismo Cristão, *Morcelliana, Bréscia, 2000*.

Em sua forma subjetiva, a Magia considerava apenas o indivíduo e, portanto, tinha poucas características de poder. A Magia chamada transitiva, ao contrário, volta-se para o exterior e suscita emoções e sensações, influenciando por isso até mesmo a Psicologia prática.[206]

Praticamente tratava-se de uma visão que se cindia nas duas correntes principais da época, Deísmo e Ateísmo, e dependia da interpretação subjetiva.

Outros autores conduziram-se de modo extremamente mais prático e estabeleceram a hipótese, como Pietro Pomponazzi[207] (1462-1525), de que tudo o que havia sido definido como miraculoso não era outra coisa senão o fruto de causas psicológicas ou seria por causa da *Magia natural*. Foram precisamente essa contínua dialética e esse aceso debate que permitiram ao Esoterismo entrar nas cortes e nos salões do século XVI, emprestando ainda uma certa seriedade a essas matérias. A corrente neoplatônica, guiada por Ficino, levou à descoberta e à tradução de obras como o *De Mysteriis Aegyptiorum*, de Giamblico, e o *De Anima et Demone*, de Proclo, e, ao mesmo tempo, com Pico della Mirandola e Nicola Cusano, estabelecer-se-á a origem desses sistemas de pensamento seiscentista que terão entre seus maiores expoentes Giordano Bruno e Tommaso Campanella. Pico della Mirandola possibilitou novas interpretações do pensamento mágico e distinguiu, sobretudo em seu *Oratio de Dignitate Hominis* (ou *De Hominis Dignitate*), a existência de uma Magia ligada ao mal e contra a Natureza, chamada *goeteìa*, contraposta à *magepìa*, vista como instrumento e fonte de sabedoria. O profundo empenho de Pico della Mirandola[208] levou principalmente à criação de marcas distintivas entre essas duas formas de Magia, chegando a afirmar que:

A arte mágica autêntica traz das trevas para a luz as virtudes simples disseminadas no mundo pela vontade de Deus e, portanto, não produz por si só milagres, mas coadjuva fielmente a Natureza eficiente.

A separação que Pico parece procurar trai as bases de dois diferentes tipos de visão e aplicação mágicos: o primeiro, que designamos em razão de sua riqueza, seria o intelectual, como aquele praticado pelos próprios neoplatônicos, de uma antiga doutrina; o segundo, que se contrapõe a todos aqueles cultores esotéricos que se definiam como magos, curandeiros, adivinhadores, mas que, na realidade, eram charlatões e freqüentemente exploradores da miséria alheia.[209] Será essa divisão clássica entre a Magia

---
206. *E. Gallo*, op. cit.
207. *P. Pomponazzi*, Os Encantamentos, editado por C. Innocenti, La Nuova Italia, Florença, *1997*.
208. *E. Garin*, João Pico della Mirandola. Vida e Doutrina, *Florença, 1937*.
209. *Cf. P. Rossi – S. Parigi (editado por)*, A Magia no Renascimento. Textos de Agrippa, Cardano, Fludd, *Turim, 19898*.

demoníaca e a *sapiencial* que deitará raízes nos séculos seguintes e desenvolver-se-á, de um modo extremamente vulgarizado, naquilo que hoje definimos como Magia *Branca* e Magia *Negra*.

A obra de Pico della Mirandola, ao lado da de Ficino, foi extremamente versátil e heterogênea, a ponto de chegar quase a realizar mesmo uma verdadeira revaloração da Alquimia e da Cabala hebraica. Mesmo essas duas correntes esotéricas constituíam baluartes do pensamento da Alta Idade Média. Graças a uma vastíssima cultura, aliada a uma nada desprezível disponibilidade financeira, Pico della Mirandola, ainda jovem, já realizava a contento a revisão e o estudo de um texto conservado já há muitíssimo tempo: o *Sefer ha Bahir*, o *Livro Luminoso*. Já nas primeiras décadas do século XVI, o Esoterismo clássico, aquele intelectual, havia conseguido conciliar o Judaísmo e o Cristianismo, isso naturalmente no plano conceitual, visto que na realidade permaneciam às discriminações contra os judeus. Tal aproximação permitiu a muitos estudiosos e esoteristas do Renascimento aprofundar-se na mística hebraica e em seus segredos.

A Cabala e a Itália

O termo *Cabala*, ou *Cabbala*, deriva do hebraico *kabal* (QBLH), que literalmente significa *receber, transmitir*. Para o Judaísmo, a *qabbalah* constitui o saber original, aquele que detinha Adão antes da queda do paraíso terrestre. A tradição mística hebraica, ou seria melhor dizer, uma de suas lendas, conta que Adão teria recebido do anjo Raziel um livro, *tomado por empréstimo aos céus*, que continha todo o saber universal. Esse texto, continua a lenda, não seria de conhecimento nem mesmo das altas hierarquias angélicas e teria guardado em seu interior a sabedoria eterna, a semente divina por meio da qual "podem ser descobertos os 1.500 segredos que não são confiados a nenhum ser celeste".[210] A queda do estado de bem-aventurança levou pois Adão a perder esse texto inestimável. A tradição cabalística insere-se nesse ponto, afirmando que existe uma tradição que antecede ao próprio Moisés, da qual não existem traços senão no próprio misticismo hebraico, que detinha os segredos desse grimório (do francês *grimoire*: antigo livro de Magia).

O Renascimento constituiu, para os próprios cabalistas, um período histórico no qual pode-se fazer um tipo de "marco da situação". No seio do Misticismo hebraico, eram de fato bastante presentes duas correntes que se contrapunham uma à outra: a primeira, que tentava descobrir os antigos segredos perdidos por Adão, e a segunda, anticabalística, que não queria

---

210. *E. Le Roux,* Sepher ha-Zohar, *Paris, 1906.*

nem podia vincular o *Zohar* (o texto sagrado da Cabala) ao livro judaico mais importante, o *Talmud*.²¹¹ A tal propósito, Gallo afirma:

> *Os cabalistas renascentistas dedicaram-se a uma dupla tarefa: restabelecer as ordens da Magia a partir do livro venerado pela Cabala; analisar a Cabala como instrumento capaz de abrir a religião revelada à Magia natural.*²¹²

Uma empreitada árdua, que se alternou entre sucessos e fracassos. A revalorização do mundo antigo propugnada pelo Neoplatonismo havia permitido a muitos autores renascentistas aproximar-se da antiga sabedoria egípcia, considerada uma das primeiras fontes da cultura humana de uma forma extremamente diferente e com a vontade e a necessidade de compreendê-la em suas variadas manifestações. A mística hebraica inserir-se-á em tal processo de descoberta focalizando a atenção sobre novos horizontes e novas formas de misticismo. A Cabala contém, de fato, em seu interior, numerosos elementos provenientes de antigas tradições orientais, como a Astrologia caldéia, a mística numérica babilônica, elementos neopitagóricos, ou seja, trazidos da própria religião egípcia antiga. Tratou-se de um processo que estruturou e delineou a Cabala no século XIII, por intermédio da publicação do *Livro do Esplendor*. Estudiosos italianos da atualidade como Gabriele Mandel²¹³ consideram também que um forte componente da base dessa doutrina hebraica possa derivar do Sufismo árabe.

A Cabala pode ser, por outro lado, enquadrada em duas diretrizes específicas: uma prática e uma especulativa. A Cabala prática constitui aquela que mais se aproximou do conceito renascentista de Magia, ou Esoterismo, enquanto a Cabala especulativa, definida ainda como Cabala esotérica, caracterizou-se principalmente não tanto pelo desejo de descobrir os segredos do mundo divino mas pelo forte sentido de redenção messiânica. A aproximação que Pico della Mirandola fez entre Hermetismo e Cabala não foi além da simples casualidade. Os cabalistas atribuem de fato a Deus dez níveis principais conhecidos como *sefiroth*, para cujo ingresso o indivíduo precisa adquirir uma sabedoria hermética que lhe permita interpretar as dez esferas de emanações divinas, ou *logoi*. Os *sephirot* correspondem a importantes conceitos metafísicos, por sua vez autênticos níveis interiores da divindade. A árvore da vida que representa a Cabala é a escada de Jacó (*Gênesis* 28), ou seja, o contato entre a matéria e o divino. A Cabala atribui aos *sephirot* um significado ainda mais profundo, como constituidor *programa* segundo o qual se desenvolveria a criação *dos mundos* e assim, pois, a senda que permitiria o resgate da Natureza divina.

---

211. *Que historicamente remonta a 499 a.C.*
212. *E. Gallo*, op. cit.
213. *G. Mandell*, O Sufismo, Vértice da Pirâmide Esotérica, *Milão, 1977*.

Diversos elementos do Misticismo hebraico podem ser relacionados a conceitos apresentados pelo Hermetismo. O texto que Pico tinha em suas mãos, o *Sefer ha Bahir*, constitui, por exemplo, o fulcro central e a base de sua posterior especulação hermética.

A presença de cabalistas na Itália, se excluirmos os textos que circulavam já há alguns decênios, pode ser efetivamente situada logo após 1492, data histórica da descoberta *oficial* da América, mas também momento de profunda crise para os hebreus espanhóis, que se viram expulsos das terras árabes da Espanha, que por tantos séculos haviam-lhes hospedado e ajudado. A nova diáspora espanhola levou o povo para novas terras, como o norte da África, mas sobretudo para a Itália, e se a perda de uma pátria havia gerado forte perturbação em meio a esse povo, um novo espírito de Renascimento brotava nos hebreus fugidos. Muitos deles levaram consigo os antigos conhecimentos da mística hebraica, ampliando posteriormente o movimento cultural que se originou na busca do divino. Entre as mais importantes escolas que a História italiana registra encontramos a de Pesaro e de Ancona, que, somadas a de Safed, na Palestina, constituíram um fator fundamental no futuro desenvolvimento de tal pensamento. A escola sefaradita de Pesaro provavelmente remonta à metade do século XV, e é efetivamente nesse período que se desenvolveram os requisitos sócio-econômicos de pseudo-estabilidade, não só culturais como religiosos, que permitiram um acentuado desenvolvimento da Cabala italiana. Tais pressupostos baseavam-se, contudo, em outros tantos eventos trágicos que, como vimos antes, tiveram lugar na Espanha. Entre 1366 e 1391, a consolidação do poder católico havia levado a um verdadeiro genocídio dos hebreus espanhóis, que se viram obrigados a fugir para novos países. Os estudos de pensadores hebreus como Maimônides, ou islâmicos como Avicena, testemunho de um período de ouro da cultura espanhola e de uma tolerância religiosa sem par, tinham sido cancelados ou destruídos pela crescente intolerância religiosa e por uma cada vez mais poderosa Inquisição, que via no estudo alquímico, cabalístico ou esotérico opositores potenciais da religião.

A presença hebraica na Itália, constatada já desde o ano mil, era justificada pelos especiais privilégios concedidos por numerosos Papas à cidade de Ancona, por seu papel fundamental no comércio com o Oriente.[214] Os estudos dos cabalistas italianos e estrangeiros não foram empreendidos unicamente pelas altas hierarquias religiosas, como os rabinos, mas também por aqueles que no dia-a-dia desenvolviam as atividades normais de comerciantes ou banqueiros. Entre os que deram maior força e notoriedade à escola cabalística italiana encontramos Mosché Bàsola, insigne estudioso dos textos sagrados, rabino e importante cabalista. Havia sido de fato Bàsola, em 1522, quem fundou a Safed, a mais importante escola

---

214. G. *Aracini*, Memórias Históricas da Cidade de Ancona, *Forni, Roma, 1675, p. 361.*

cabalística da época. Sua presença na câmara de Ancona havia necessariamente levado à fundação de uma escola cabalística sefaradita para a qual afluíram centenas de estudiosos de toda a Itália. Nesse meio tempo, a 10 de janeiro de 1570, o banqueiro Ordekhai, de Volterra, foi chamado a Florença, para a corte de Francisco de Médici, para assumir o cargo de conselheiro político-financeiro, mas trazendo também o antigo conhecimento cabalístico hebraico para a cidade do Giglio e resgatando a pompa ao velho interesse exotérico da nobre família florentina.[215]

A filosofia oculta dos hebreus, ou Cabala, é geralmente relacionada à primeira diáspora hebraica, por influência do espanhol Raimundo Lullo. Lullo criou um procedimento por meio do qual, combinando as nove *dignidades* de Deus, juntamente aos quatro elementos, às esferas celestes, à Geometria e a outras técnicas, julga poder descrever e compreender os mundos natural e celeste, chegando a um nível mais alto de compreensão da criação do próprio Deus. Esse, pois, o fim último ao qual tendia a Cabala. Lullo combinou esse sistema com a cultura e a religiosidade católicas procurando demonstrar, e depois dele o Lullismo, que a verdade suprema reside no interior do Cristianismo. O já citado Pico della Mirandola distanciou-se de hipóteses do gênero procurando criar um sincretismo entre a Cabala hebraica de Abraão Abulafia e a Filosofia neoplatônica, dando origem a uma verdadeira *Cabala Cristã*.

Mesmo Francesco Giorgi, frei franciscano de Veneza, procurou compreender os mistérios codificados na Cabala, fazendo publicar seu *De Harmonia Mundi*, no qual buscou unificar as teses expressas por Pico della Mirandola com a tradição numerológica da filosofia pitagórica e platônica.

Entre as outras figuras mais eminentes que se interessaram pela Cabala na Itália, ao lado dos grandes pensadores da academia neoplatônica, encontramos, enfim, Johannes Reuchlin (1455-1522), importante humanista de Pforzheim. Reuchlin tomou contato com o fascinante misticismo hebraico por intermédio do conhecimento de Ermolau Bárbaro, um grande classicista do século XV, durante uma viagem à Itália na comitiva do conde Eduardo V de Württemberg. O entusiástico fascínio por Bárbaro acendeu em Reuchlin uma profunda sede de conhecimento pela Cabala hebraica e o levou a compilar, em 1517, um tratado intitulado *De Arte Cabalística*, dedicado ao Papa Leão X, filho de Lorenzo, o Magnífico. Precisamente esse contato colocará Reuchlin diretamente à frente do mundo neoplatônico italiano, transformando sua sede de conhecimento em uma verdadeira e completa mania pelo estudo e pela pesquisa. Um encontro com o próprio Pico della Mirandola, por sua vez emérito cabalista, desencadeou um processo de *maturação* esotérica que levou o próprio Reuchlin a sofrer, em 1520, uma condenação papal por sua posição nada ortodoxa.

---

215. *U. Cassato*, Os Hebreus em Florença durante o Renascimento, *Olschki, Florença, 1918*.

Reuchlin coloca-se como um claro exemplo do quanto a influência da cultura e do Esoterismo foram profundamente enraizadas na cultura européia da época, e como constituíram um modelo e um terreno fértil para os grandes pensadores europeus. A Itália, com efeito, foi um modelo para grande parte da cultura e do Esoterismo europeu de então.

O movimento cabalístico italiano foi extremamente amplo e complexo, e radicou-se profundamente dentro dos confins do país. Não foi um movimento limitado no tempo, nem influenciado no auge esporadicamente por modismos ou novos impulsos esotéricos. As diversas escolas espalhadas pelo território italiano, de Ancona a Pesaro e a Livorno, desenvolveram e ampliaram um pensamento que deita raízes no antigo povo hebraico e em uma cultura e uma tradição que pode muito provavelmente remontar ao próprio Egito. Grandes homens como Lorenzo de Médici, diversos Papas, Marcilio Ficino, Pico della Mirandola, Giordano Bruno e posteriormente a própria Maçonaria no século XVIII sentiram profundamente a marca dos ensinamentos, dos influxos e da arcana sabedoria conservada e estudada pelo Misticismo hebraico.

Os Grimórios Malditos

Estamos habituados a imaginar o período medieval[216] como um dos mais obscuros de nosso passado, no qual o desenvolvimento da civilização bloqueou o próprio curso, deflagrando um processo que conduziria o homem a manifestar, sem freios, maldade e ignorância. Essa visão estereotipada da Idade Média foi todavia amplamente superada pelas muitas descobertas realizadas nas últimas décadas, que na realidade demonstram como esse período constituiu uma base fundamental para os futuros progressos científicos e culturais.

Nessa época histórica, a disposição purificadora da Inquisição católica fez vítimas em todo o continente europeu. Bastavam apenas poucas palavras para que se pudessem acusar o indivíduo de transgressões ou graves crimes jamais ocorridos. O medo era um fator de protelação para aqueles que desenvolviam pesquisas *heréticas* (como parece bastante na moda dizer hoje): cientistas, astrônomos, médicos, ou seja, todas as classes do mundo científico eram passíveis de indiciamento em processos por bruxaria ou associação com o demônio. Precisamente por esses motivos, os estudos esotéricos medievais deveriam assumir a forma de um veio oculto, um rio subterrâneo que seria levado a percorrer todo esse período histórico sem jamais manifestar-se abertamente. Recordemo-nos do destino que estava por sofrer o próprio Galileu Galilei no momento em que, com as

---

216. *Quer se considere a alta, quer a baixa Idade Média.*

próprias teorias astronômicas, pôs-se em franca oposição em relação ao *status quo* cultural da religião católica. Durante todo esse período, o medo de uma subversão da Ordem cultural e científica constituída[217] levaria a Igreja a aprofundar cada esforço para impor uma verdadeira e explícita repressão, destinada a assumir, com a Inquisição e a "caça às bruxas", procrastinada até a América do século XVII, as feições de uma perseguição cega.

No veio subterrâneo das correntes esotéricas, a sede de conhecimento não foi, contudo, freada: trancafiados em suas torres brancas, os estudiosos das Ciências arcanas passavam boa parte de seu tempo diante de alambiques, antigos textos e estranhos rituais. A História relata que indivíduos, senão famílias inteiras, dedicaram a própria existência à procura de um conhecimento superior, ou do contato com algo divino. Em tal *cursus honorum*, os esoteristas e magos logo iniciaram a codificação dos próprios conhecimentos ou "descobertas" em *textos sagrados*, para uso de todos aqueles que os seguissem ou a título de resgate da memória do caminho iniciático trilhado.

No curso dos séculos foram codificadas várias formas e vários modelos de práticas rituais mágicas ou esotéricas. Na época arcaica, a *palavra* era utilizada predominantemente como um meio de *evocação*, como instrumento fônico por meio do qual se poderia invocar espíritos ou revelar sua própria consciência. Nos séculos seguintes, principalmente na baixa Idade Média, associaram-se à palavra símbolos e gestos que necessitavam inevitavelmente de uma codificação escrita, de um instrumento que pudesse preservar-lhes a memória e a finalidade. Seria nesse contexto que provavelmente teriam início e se formariam os primeiros grimórios.[218] Esses textos circularam sob a forma de manuscritos e cada esoterista era *obrigado* a copiá-los e a conservá-los com cuidado. Essencialmente, a função do grimório era a de recolher as diversas anotações que o mago esboçava durante os próprios rituais ou experimentos. A etimologia da palavra tem origem no francês antigo, e em sua acepção originária deriva do termo *grammaires*, gramática, posteriormente transformado em *grimoires*, ou seja, "livro que contém instruções básicas". A Magia cerimonial evocada e finalizada pelo esoterista, acreditava-se poderia *abrir* aquelas portas que se interpunham entre o homem e o mundo superior, e atrair energias específicas, das quais os grimórios eram efetivamente os depositários. O grimório constituía um tipo de manual de instruções para conduzir as evocações e os rituais com mais segurança. Tais forças eram, de fato, separadas em *teurgia*, pela invocação da Magia Branca, denominada ainda como angélica; e *goetia*, pela invocação da Magia Negra ou diabólica.

---

217. *Que se baseava, essencialmente, nas teorias aristotélicas inerentes à posição do homem no Cosmos e sobre regras que não contradissessem a doutrina cristã.*
218. *Conforme já se disse, o termo provém do francês* grimoire, *e significa "antigo livro de Magia", "livro que contém instruções elementares".*

O grande antropólogo do século XIX, James Frazer, em seu *O Ramo Dourado*,[219] fornece-nos uma interpretação desses antigos textos sapienciais extremamente interessante, insistindo que "a forma mais antiga de Magia era baseada no som, ao qual se acrescentou a palavra e, enfim, o objeto". O grimório transformou-se assim em um tipo de guardião da palavra, capaz de mover e remover os elementos da Natureza. O termo grimório constitui um galicismo de, relativamente, recente importação, já que no passado era de fato um hábito designar tais textos com o apelido mais comum de *clavícula*; lembrando a esse respeito a notável *Clavícula de Salomão*, que derivava sua etimologia do latino *clavis*, chave.

Entre os numerosos textos catalogados até os nossos dias podemos recordar, além da já citada *Clavicula Salomonis*,[220] o *Grand Grimoire*, um autêntico texto de evocação demoníaca, ou seja, um tratado para se estabelecer um *pacto com o demônio* atribuído a Antonio del Rabino, um veneziano que compilou o texto, em suas palavras, baseando-se em escritos autográfos do rei Salomão. Da mesma forma digno de nota é o *Grimorium Honoris Magni*, que no curso dos séculos conquistou a fama de ser o mais *diabólico* entre todos os grimórios; mas, curiosamente, esse texto de evocação demoníaca não é outro senão uma bula papal enviada pelo Papa Onorio III, chamado o Grande, a seu seguidor Cencio Savelli, pontífice de 1216 a 1227, para que se estendesse a todos os *servos da Igreja* a faculdade de evocar e comandar demônios. Incrivelmente, um livro que deveria ser condenado pela Igreja surge, ainda que com algumas modificações, de suas próprias filas.

Temos, pois, o *Compedium Maleficarum* e o *Malleus Maleficarum*, redigidos o primeiro com finalidade de disciplinar o exorcismo, o segundo para combater e opor-se à bruxaria. Existe além disso o *Lemegeton*, conhecido ainda como Pequena Chave de Salomão, que em sua versão original é conservado parte em Londres, parte em Paris, e que trata da evocação de 72 espíritos infernais e compreende também fórmulas e rituais; o *Almadel*, que constitui a última parte do *Lemegeton* e que trata da evocação dos espíritos angélicos; o *Grimorium Verum*, que remonta há cerca de 1571, e fornece em detalhe as operações para o controle e a evocação de entidades desencarnadas; o *Eptameron*, de Pietro d'Abano da Basiléia, de 1559, que cuida da composição de círculos mágicos e dos vários rituais evocativos. Entre os mais importantes grimórios encontramos finalmente o *Enchiridion*, cuja primeira edição impressa foi descoberta em 1523, mas que é tradicio-

---

219. *J. G. Frazer, O Ramo Dourado. Estudo sobre Magia e Religião, Newton Compton, Roma, 1992.*
220. *Conservada hoje no British Museum de Londres, trata dos tempos e de sua influência sobre os ritos mágicos, dos paramentos que devem ser usados, das construções e das consagrações dos pentágonos, dos círculos de evocação, do próprio rito evocativo, dos encantamentos, etc.*

nalmente atribuído ao Papa Leão III, que o deu a Carlos Magno, após sua coroação, no século IX, como o mais precioso presente que se poderia oferecer a um rei. Na realidade, o *Enchiridion* não é verdadeira e propriamente um grimório, mas sim uma compilação de fórmulas mágicas que têm a finalidade de governar e dominar tanto o mundo espiritual quanto o terreno. O livro é rico em fórmulas e desenhos de origem cabalística e testemunha a profunda influência que esse movimento, já tratado antes, teve sobre o posterior nascimento de certas correntes esotéricas.

A procura por antigos grimórios e por conhecimentos perdidos é talvez um dos mais fascinantes *leit motiv* da História da humanidade. A tal gênero de livros, ao qual fizemos ampla referência, acrescenta-se uma outra categoria, freqüentemente desconhecida e sobretudo relegada a um nicho de curiosos e expectadores do insólito. Em 29 de março de 1947, o escritor Lyon Sprague De Camp publicou um artigo que revolucionou o mundo literário do insólito, criando ao mesmo tempo um neologismo que constituiu a nova fonte de mistério no âmago do mundo esotérico e dos "clássicos jamais escritos", ou seja, os *pseudobíblicos* (cf. Lyon Sprague De Camp, *The Unwritten Classics*, publicado na revista *The Saturday Review of Literature* de 29 de março de 1947, e D. Camorrata, *O Rei de Amarelo*, Fanucci, Roma, 1975, pp. 7-28). Com tal termo De Camp designou "os livros perdidos, os livros inacabados, os apócrifos e os livros epigráficos (textos falsamente atribuídos a uma determinado autor)", ou seja, livros que não existem ou que deixaram de existir realmente mas aos quais a História reservou um lugar. Em tal categoria, na década de 1970, dois ensaístas e estudiosos, Gianfranco de Turris e Sebastiano Fusco,[221] introduziram aqueles que seriam definidos como os "livros malditos", ou seja, aqueles livros "suprimidos ou excluídos em razão de seu conteúdo, os livros esquecidos, não reconhecidos ou ocultos em outros livros". Em 1986, o estudioso Domenico Camorrata, no já citado ensaio *Os Pseudobíblicos de Chtulhu*, subdivide esse gênero literário em quatro categorias:

a. os livros que existiram, mas que hoje não existem mais (por terem sido destruídos, perdidos, etc.);

b. os livros que não existem mais, mas que poderiam existir (mediante uma reconstrução apócrifa posterior, de jogos de palavras que poderiam permitir-nos reconstruir parcialmente ou totalmente o texto, etc.);

c. os livros que existem mas é como se não existissem (em razão de sua irrecuperabilidade, extrema raridade, da censura, etc.);

d. os livros que existiram, mas que atualmente não existem (já que elaborados *in nuce*, desatualizados, não publicados ainda, em fase de composição, etc.).

---

221. Os Pseudoblíbicos na Literatura Fantástica, *in* R. W. Chambers, O Rei de Amarelo, *Fanucci, Roma, 1975, pp. 7-28.*

Ocultismo e Alquimia

> *Pobres deles, os alquimistas prometeram riquezas que não se manifestaram; obstinados em seu convencimento, caíram no buraco por eles mesmos cavado.*
> Spondet pariter (1317), bula promulgada pelo Papa João XXII.

A figura que de modo mais significativo fascinou multidões de esoteristas séculos afora foi a de Enrico Cornélio Agrippa von Nettesheim. Nascido em Colônia, em 1486, Agrippa se viu obrigado a viver uma vida errante, viajando por toda a Europa por causa das contínuas denúncias de Magia e de heresia com que o atormentavam. Homem profundamente douto, é hoje considerado o *necromante* por excelência, sobretudo em eazão de um texto por ele escrito que constitui a base para qualquer estudo esotérico: o *De Occulta Philosophia*, redigido em 1510 e editado em 1531.

Em sua obra, Agrippa retoma as teses de seus predecessores, apontando claramente para uma direção de reforma do Cristianismo em molde evangélico. De menor fama, mas não de menos importância, em 1527 Agrippa publicou ainda um ensaio "erasmiano" intitulado *De incertitudine et vanitate scientiarum et artium*, que, ao lado do *Morae Encomium*, procura sustentar a tese segundo a qual todos os conhecimentos ocultos e naturais não devem ser ridicularizados para dar pleno espaço ao Evangelho, visto como verdade última e inatacável. O espírito cristão de Agrippa, entretanto, sempre se contrapôs à sua formação e cultura humanística, que o levaram por toda a vida a interessar-se e a estudar as artes ocultas, mágicas e alquímicas. O *De Occulta* constituiu de fato um dos mais importantes tratados de Magia Branca que a História nos transmitiu. Suas peregrinações levaram Agrippa a fixar-se por diversas oportunidades em Veneza, onde estabeleceu numerosas relações e pôde *influenciar* muitos estudiosos. Da mesma forma, a sua estada na Itália permitiu-lhe estabelecer contato direto com aquelas correntes e aquelas filosofias que tanto o fascinaram em sua formação. Viaja a Torino, onde exercita a profissão de advogado, e, tornando-se teólogo, vai a Pisa em 1511. Em 1512, encontra-se em Pávia, e entre 1519 e 1523 viaja pela Itália, embora desta permanência tenhamos pouquíssimas provas escritas. Acredita-se que Agrippa tenha ainda tido ocasião, certa vez, de prestar serviço ao Papa, e existe a esse respeito uma carta de Leão X, cujo teor traz uma saudação apostólica e bênçãos para lhe agradecer por algumas provas de devoção à sede apostólica (Ep. I,38).

Publicado em três livros, o *De Occulta Philosophia* constitui uma obra que sintetiza Alquimia, Cabala, Magia e Filosofia Natural. Agrippa era grande conhecedor da produção daquela dezena de esoteristas que antes dele haviam definido *a obra máxima*, ou seja, uma síntese das mais importantes correntes esotéricas no contexto de uma única linha guia. O mago é visto por Agrippa como um "homem sábio, sacerdote e profeta, e não um indivíduo supersticioso e demoníaco",[222] da mesma forma, a Magia é proposta como uma ciência experimental, na qual são estudados fenômenos que não necessariamente devem ser considerados transcendentes. Tal modelo propõe efetivamente uma idéia de Magia como *Ciência da Natureza*, e seus prodígios como o fruto da manifestação das forças naturais,[223] uma visão essencialmente moderna a respeito de muitas das outras correntes da época. Existe ainda um quarto livro atribuído a Agrippa e considerado por muitos estudiosos como um texto complementar ao *De Occulta*, ou seja, *O Livro do Comando*. Esse texto constitui um resumo geral dos procedimentos para evocação de espíritos, constituindo, dessa forma, a conclusão lógica dos tratados precedentes.

Em seus escritos, Agrippa propõe ainda três caminhos para se conhecer a Deus: a contemplação das obras divinas, a admoestação dos profetas que conhecem os livros da Lei e os ensinamentos de Cristo e dos apóstolos nos Evangelhos. Agrippa, a propósito do livro da Lei, no seu *De Tríplice Oratione*, capítulo IV, argumenta que, além da lei escrita, Moisés recebeu ainda uma "lei espiritual", que o profeta deveria transmitir oralmente aos seus sucessores. Por essa característica, essencialmente oral, essa lei vem definida como Ciência *dos oradores*, enquanto entre os hebreus recebeu o nome de Cabala.

Sarane Alexandrian[224] afirma que devemos a Agrippa a *busca do segredo supremo*, ou seja, da sabedoria oculta, em seu significado original de *escondida*. O significado que é dado hoje ao termo *Ocultismo* foi inventado,

---

222. *E. C. Agrippa*, A Filosofia oculta ou a Magia, vols. I & II, *Mediterranee, Roma, 1992*
223. *Ivi.*
224. *S. Alexandrian*, op. cit.

ou, pelo contrário, adquiriu essa conotação no século XIX, durante os primórdios da investigação espírita. A definição "ciências ocultas" acaba sendo de fato "redutora do pensamento mágico",[225] ou seja, a filosofia oculta resulta, em sua matriz originária, na verdadeira origem da Magia. Um dos fatores que mais expuseram Agrippa à ira da Igreja foi a inclusão de Deus no sistema evocativo-experimental da Magia, resultando ao mesmo tempo essa sua concessão filosófica em uma das mais interessantes de seu tempo. Semelhante escola de pensamento não poderia deixar de suscitar a reação da Igreja e de todos aqueles que se contrapunham a esse tipo de filosofia. Seja no âmbito da Reforma, seja no da Contra-Reforma, formou-se literalmente uma espécie de partido que rotulou como magos e bruxos todos aqueles que nessa linha haviam defendido teorias ou filosofias de perfil mágico ou esotérico, incluindo, obviamente, Pico della Mirandola, o próprio Agrippa, Ficino, etc.

Nossa abordagem das diversas correntes esotéricas italianas não poderia ser considerada completa se não levasse em conta dois movimentos, de diversos personagens, que desenvolveram e ampliaram profundamente a consciência esotérica e científica da Itália: a Alquimia e o movimento Rosa-Cruz. Se no que diz respeito à primeira corrente são evidentes os pontos de contato com a Química moderna, em relação ao segundo não teve verdadeiras e concretas influências sobre o mundo científico, ou mesmo o filosófico e o literário.

A Alquimia nasce nos alvores da História humana, quando mesmo Ciência, Religião e Magia não se distinguiam como disciplinas autônomas. A etimologia da palavra é incerta, mas geralmente sua origem é dada como proveniente do árabe *Al Kimia*, "a Terra de Kamel", ou seja, o atual Egito, enquanto outros acreditam que o termo possa provavelmente derivar do grego *chyma*, que significa "derretimento, fusão". A História tem buscado condenar menos duramente esse movimento, vendo em seus cultores, os proto-cientistas modernos, dedicados ao estudo das matérias e das artes que ainda deverão ser codificadas oficialmente pelo pensamento e pela vontade humana.

É importante, antes de mais nada, levar em consideração alguns dos elementos da tradição alquímica que têm permitido a essa particular corrente esotérica sobreviver a todos os períodos da História. Acima de tudo, a Alquimia constitui uma corrente cultural de antiqüíssima formação, tanto que são conhecidos traços do pensamento alquímico desde a Idade do Ferro, em particular entre as primeiras culturas chinesas. A Alquimia asiática nasce com base em dois princípios complementares e opostos, ainda hoje conhecidos como *Yin* e *Yang*, a ponto de gerar uma inversão entre os fatores que se interpenetram, mas que contêm já a semente de seu oposto em formação.

---

225. E. Gallo, op. cit., p. 188.

Em suas várias peregrinações, o pensamento alquímico atinge o Mediterrâneo, permeando com sua Ciência e método particulares já as primeiras culturas históricas. Segundo sua própria tradição, o fundador ocidental de tal disciplina é, geralmente, considerado Hermes Trismegisto, e desde sua origem etimológica árabe a sabedoria alquímica sempre foi considerada um patrimônio próprio das terras do Egito. Auge da civilização, as terras do Nilo legaram às gerações posteriores um patrimônio cultural e sapiencial inestimável, como prova cabal do profundo nível intelectual e empírico alcançado por esse povo. Existem poucas e fragmentárias informações que podem nos ajudar a compreender como tal disciplina colocava-se dentro do sistema cultural-religioso egípcio, uma vez que sua presença parecia constituir a base fundamental e verdadeira dos antigos rituais e da antiga sabedoria desse povo. Do mesmo modo – se bem que depois de quatro mil anos de História essa cultura estivesse já em declínio – os gregos foram os primeiros a confessar sua dívida de gratidão com relação à terra do Egito. Como prova disso, Platão, em seu *Timeu*, diz a um sacerdote egípcio, enquanto conversa com o legislador ateniense Sólon, palavras extremamente belas, mas ao mesmo tempo carregadas de significado oculto: "Vós sois todos jovens de alma, porque nela não há resposta para nenhuma velha opinião da antiga tradição, nenhum ensinamento grisalho pela idade".[226] O sacerdote prossegue seu discurso afirmando que seus escritos sagrados atestavam que a idade de suas instituições, e até mesmo de sua cultura, remontava a pelo menos oito mil anos atrás. O que não é tão inacreditável quanto pode parecer, sobretudo se considerado tudo quanto as demais culturas nas outras partes do planeta afirmam em seus textos sagrados.

No curso de sua carreira como estudioso, o egiptólogo E. A. Wallis Budge[227] sempre perguntou-se como um povo de tão complexa religião, escrita, arquitetura e cultura teria se transformado tão rapidamente em uma sociedade relativamente simples.[228] Em certos aspectos, efetivamente a cultura egípcia pareceu sofrer um certo tipo de involução, demonstrando em sua mais remota Antiguidade conhecimentos e técnicas bem mais evoluídos do que exibiria depois.[229]

Seria possível cogitar que o Egito representasse a herança, o que havia restado, de uma civilização anterior? Platão chama-a Atlântida, enquanto os próprios egípcios falam-nos de indivíduos excepcionais, chamados *seguidores de Hórus*, que haviam levado seu conhecimento para alémmar para fundar o Egito,[230] (curiosamente, tanto os antigos alquimistas quanto

---

226. Platão, Timeu, in Obras completas, *vol. 6, Laterza, Bari, 1983, p. 360.*
227. *Então responsável pelo setor egípcio e assírio do British Museum.*
228. *E. A. Wallis Budge,* From fetish to God in Ancient Egypt, *Oxford University Press, Oxford, 1934.*
229. *W. B. Emery,* Archaic Egypt, *Penguin, Harmondsworth, 1987.*
230. *Cf. R. Pinotti,* Os continentes perdidos, *Mondadori, Milão, 1995.*

os indianos afirmavam em seus próprios textos que o conhecimento provinha de um antiga civilização vencida por alguma castástrofe.[231]

Origens tão nobres como teve a Alquimia restaram, de uma forma ou de outra, atualmente, entre as doutas e rigorosas investigações de esoteristas e pesquisadores acadêmicos, demonstrando, de certo modo, como toda uma antiga sabedoria, vinculada a essa disciplina, perdeu-se na noite dos tempos.

Saindo das neblinas da História, no período que vai da morte de Alexandre Magno (323 a.C.) ao fechamento da Academia Ateniense (529 d.C.), a Alquimia manifestou-se abertamente, elegendo como seu centro a cidade egípcia de Alexandria. Seus elementos caracterizadores nessa época são essencialmente dois: a manipulação da matéria e a realização de diversas modalidades de artesanato. Os primeiros alquimistas alexandrinos podem, de fato, ser considerados, para todos os efeitos, artesãos marcados por uma forte índole religiosa. A Alquimia das origens parece conjugar o trabalho manual, que em épocas posteriores será destinado à descoberta da pedra filosofal, e o mental, caracterizado pelo constante crescimento intelectual e espiritual. Serão essas duas atividades que formarão o núcleo mais nobre, chegando mesmo a moldar as mentes dos estudiosos desde o Renascimento. A associação a idéias e conceitos religiosos constituiu a metáfora essencial à compreensão do processo de aprimoramento necessário àqueles que desejavam superar as imperfeições da Natureza. Durante o período greco-Alexandrino, eram principalmente quatro as correntes que compunham e estruturavam o pensamento alquímico: o Pitagorismo, o Platonismo, o Estoicismo e o Gnosticismo Hermético, todas correntes que representaram, além disso, um papel de notável interesse no posterior desdobramento dos diversos movimentos esotéricos.

Segundo o pensamento alquímico, o mundo é concebido como um conjunto harmônico de fatores, regulado por uma intrincada rede de correlações. Existe uma tendência ingênita da própria Natureza, por definição imperfeita, a buscar um estado de perfeição, introduzindo, assim, o conceito universal da unidade dos opostos.

A Alquimia filtra, desse modo, a essência da cultura árabe-islâmica, que produz, com sua conquistas, uma larga difusão dos conceitos e do estudo dessa disciplina. A ocupação levada a efeito na península ibérica permite também a fusão dos conceitos e doutrinas alquímicos com os cabalísticos e esotéricos, que naquela época haviam se desenvolvido na região.[232]

A data oficial que convencionalmente tende a ser o marco da entrada da Alquimia na Idade Média é 1144, ano em que vem à luz na Europa a tradução do texto por obra de Roberto di Chesser do *Morienus* (algumas

---

231. P. Marshall, Os Segredos da Alquimia, *Corbaccio, Milão, 2001.*
232. *Cf. capítulo VII.*

vezes traduzido como *Maryanus*). Ao mesmo tempo, a tradução do *Corña*[233], voltada ao combate contra o Islã no plano ideológico, permitiu que se conhecesse melhor a religião de Maomé, ou seja, viabilizou um Renascimento intelectual que atraiu a curiosidade de inúmeros estudiosos do mundo árabe. Tudo isso permitiu, portanto, um Renascimento cultural sem precedentes, no qual autores gregos como Aristóteles, Platão, Euclides e Ptolomeu foram redescobertos nos comentários que o Islã fazia sobre eles. Redescobriu-se, ainda, o conceito de *homo faber*, o homem coadjutor da criação divina e da Natureza. Nesse panorama, a Alquimia afirma-se como uma nova *Ciência* da compreensão divina, adotando textos de diversas procedências, mas, sobretudo, obras que, assinadas ou anônimas, contribuíram para a fruição de tais ideais. Grandes nomes da cultura se tornarão porta-vozes do pensamento alquímico europeu, como Tomás de Aquino, Alberto Magno, Ruggero Bacone, Arnaldo da Villanova e Raimundo Lullo.

Alberto Magno, que teve como discípulo Tomás de Aquino, deixou-nos em sua obra *De Alchimia* uma série de normas para aqueles que desejavam enfrentar os estudos alquímicos, enquanto o mesmo Tomás de Aquino introduz em seu *A Alquimia, ou seja, Tratado da Pedra Filosofal*[234] os conselhos que o próprio Aristóteles havia dado a seu discípulo Alexandre Magno:

> *A Divina Providência te aconselha a ocultar o teu propósito de realizar o mistério, por isso falarei obscuramente, citando algumas coisas das quais se pode extrair tal princípio, tão poderoso e nobre. De fato, não publiquei esse livro para as pessoas comuns, mas para os iniciados.*[235]

Os textos do grande filósofo Aristóteles não parecem conter indicações diretas referentes à Alquimia e isso contribuiu para a estruturação de um novo modelo de descoberta e de compreensão que se projetou para bem além dos limites impostos pelo tempo. Mesmo na Arquitetura ocorreram insólitas mesclas de arte e Esoterismo. Como prova temos, em Rimini, o Templo Malatestiano de João Batista Alberti, síntese admirável de motivos pagão-alquímicos e cristãos.

A Igreja não demorou a se pronunciar sobre tal disciplina. Após um período inicial de observação, começaram subitamente a ser publicadas severas condenações. A *Summa Theologica* de Tomás de Aquino, os atos capitulares publicados entre 1272 e 1373, juntamente à bula papal *Spondet*

---
233. *Realizada pelo monge Pietro di Cluny.*
234. *A autoria de tal obra não é certa, mas fortes indicativos apontam para Tomás de Aquino.*
235. *[Pseudo] Tomás de Aquino,* A Alquimia, ou seja, Tratado da Pedra Filosofal, *edição e tradução de P. Cortesi, Newton Compton, Milão, 1996.*

quas non exhibet, do papa João XXII, proibiram o estudo e a prática da Alquimia, sobretudo aos franciscanos e dominicanos, dado talvez denotativo do fato de que essas duas ordens estudassem e praticassem tal disciplina. Os ataques católicos focalizaram-se principalmente sobre o conceito de *transmutação*, visto como *alter ego* blasfemo da eucaristia cristã e, portanto, fruto de Magia demoníaca. Surge naturalmente a pergunta sobre se tal contestação era conseqüência não tanto ou não apenas do significado que determinadas operações da prática alquímica podiam ter, mas sobretudo do fato de ser ela fruto da cultura e do pensamento de um mundo inimigo: o Islã. Mas o duro ataque eclesiástico não parece criar mais tal obstáculo a essa situação, que de pública transformou-se em oculta, de manifesta, em secreta.

A imposição do pensamento humanístico e renascentista produziu, porém, um gradual efeito negativo sobre a Alquimia. As alegorias, os nomes, os textos e as imagens passaram a ser interpretados por meio da visão ocidental, destacando-se totalmente daqueles que haviam sido os ideais gregos, antes, e árabes, depois. No meio da primeira "modificação" que foi introduzida com relação ao ideal alquímico original, parece estar a de um "único mundo administrado conjuntamente por uma rede hierárquica de seqüências e correspondências".[236]

Entre aqueles que tornaram possível a eventual existência de outros mundos, talvez até mais completo que o nosso, está Pier Nicola Cusano (1401-1464), cardeal da Santa Igreja Romana, que afirmou que não existe qualquer razão pela qual devamos desejar alcançar uma Natureza perfeita ou diversa daquela em que já vivemos, um conceito que foi, mais de um século depois, retomado e modificado por Giordano Bruno (1548-1600), que cogitou também a possibilidade de existência de outros mundos habitados.[237] Mesmo Leonardo da Vinci (1452-1519) rejeitou as antigas discussões sobre transmutação, julgando a Alquimia apenas pelos resultados que era capaz de produzir. Tomando essa premissa como ponto de partida da disciplina, ele mesmo aplica-se na preparação de novos compostos e no aperfeiçoamento de aparelhos por ele inventados.[238]

Este discurso poderia abrir um parênteses a respeito das inúmeras asserções que, sobretudo nos dois últimos séculos, colocaram Leonardo como um grande iniciado nas artes esotéricas e alquímicas. Sabemos com grande grau de certeza, que Leonardo jamais conservou em sua biblioteca

---

236. *P. Marshall*, op. cit.
237. *Cf. a respeito o seu* De infinito Universo et Mundi.
238. *Sua maior crítica concentrou-se na possibilidade de que débeis forças colocadas em jogo durante tal procedimento pudessem conduzir à obtenção de um puro nigrendo, ou seja, de uma substância capaz de dissolver qualquer outro composto para se obter o estado de matéria-prima, da qual derivaria a futura transmutação de outros elementos em ouro.*

textos relativos às ciências ocultas típicas da Renascença,[239] à exceção da Quiromancia, e sabemos ainda que combateu todos aqueles que "comerciaram encantamentos e falsos milagres, enganando multidões insensatas".[240] Leonardo não se lançou, porém, mais duramente contra as disciplinas esotéricas, à exceção daquelas que manifestamente propunham o impossível, mas sim contra aquelas que, tornando-o comerciável, transformavam-no em um eficiente sistema para enganar as massas e ganhar dinheiro. Isso não significa absolutamente que Leonardo não pudesse ler ou reproduzir alguns desses textos. É, aliás, notória a sua profunda e duradoura amizade com Tommaso Masini da Peterola, chamado também Zoroastro, que foi mago e alquimista da corte dos Sforza. Por toda sua vida, Leonardo concentrou os estudos em um único objetivo: o conhecimento. Sua presença em Florença, no Renascimento, e, sobretudo, sua ligação com a família dos Médici, tornaram altamente plausível a possibilidade de que ele tenha conhecido e talvez até freqüentado os círculos herméticos, e que tenha entrado em contato com os centros esotéricos e mágicos em voga no seu tempo.

Uma figura decisivamente notável nesse cenário é o abade-mago Giovani Tritêmio, na época conhecido como Johann von Heidenberg (1462-1516), dotado de dons premonitórios (havia previsto o cisma luterano e o incêndio de Londres, em 1666) e genial autor da *Esseganografia*, um sistema de escrita cifrado. Porém aquele que acabou sendo o personagem mais representativo e enigmático do universo alquímico renascentista parece ter sido Philipp Theophrast Bombast von Honenheim (1493-1541), discípulo de Tritêmio e mais conhecido com o nome de Paracelso. Em sua figura, a eterna tradição que via uma divisão entre microcosmo e macrocosmo tomou uma direção diversa e sua força recaiu sobre o microcosmo apenas, ou seja, o homem, ao redor do qual giram todos os outros sistemas. Segundo Paracelso, a Natureza deve ser vista como um grande ser vivente, manifestação do divino, com relação à qual cada fenômeno pode e deve ser julgado com base na utilização que o homem pode fazer dele. Ao mesmo tempo, a Natureza deve ser subordinada a um aperfeiçoamento por parte do indivíduo, e tal procedimento é regulado pela Alquimia. Dessa óptica percebe-se o lado essencialmente filosófico da disciplina, por sua Natureza não focalizada unicamente no trabalho material mas também no crescimento espiritual do homem. E é exatamente esse aspecto filosófico que fascinou tantos estudiosos de nosso passado, levando-os a cultivar uma "Ciência" que era tida como herética e demoníaca.

Florença foi uma das forjas que deu maior lustro ao desenvolvimento da Alquimia italiana renascentista. A vontade de Cosme de Médici de traduzir, primeiro para o latim e depois para a língua vulgar, o *Corpus*

---

239. *Como Alquimia, Teurgia, Necromancia, Artes Mágicas, etc.*
240. Codice F, *f.5 v, ver ainda* Codice Windsor, *190480v e* Codice Urbinate, *f.13v.*

Hermeticum atribuído a Hermes Trismegisto, permitiu o advento de uma nova cultura voltada, entre outras coisas, a libertar a Toscana das influências temporais do papado. Nessa perspectiva, a Alquimia era tida como um tipo de *cultura global*, por meio do qual seria possível aperfeiçoar o mundo, a Natureza e, sobretudo, o homem. Um posicionamento, portanto, que suplantou o anterior, originariamente, apenas místico do movimento alquímico e que se transformou em uma espécie de Renascimento e de redescoberta em geral. Em Florença e nas proximidades da Toscana, entre os séculos XVI e XVII, o resultado mais evidente desse sincretismo foi uma modalidade de integração entre a Alquimia e todas aquelas disciplinas mais propriamente técnicas comumente reunidas sob o rótulo de *artes e ofícios*.

Assim, metafísica e técnica, simbologia e realidade, inclinação para o divino e produção material, eram um *mélange* cultural orientado seja para a purificação e transmutação dos metais, segundo o princípio denominado *solve et coagula* (dissolve e solidifica), seja para a mais prosaica produção dos bens de uso: corantes, substâncias medicamentosas, etc.

Segundo os alquimistas, a *matéria substancial* de todos os metais é o mercúrio. Em alguns metais ele é encontrado *congelado* e em outros é encontrado livre. Todos os metais são classificados segundo sua pureza[241] e de acordo com os efeitos que os planetas têm sobre eles.

A *opus* alquímica sintetizou-se na palavra de Ordem: "pensa agindo e age pensando" e ficou conhecida como a "condutora das transformações vitais da Natureza". Por intermédio de tais procedimentos, e sobretudo em total sintonia com a Natureza, os alquimistas acreditavam que haviam descoberto o segredo da Grande Obra, da Pedra Filosofal, o princípio capaz de purificar tudo aquilo que era imperfeito e alterar a essência de um metal na de outro. Graças a essa constante experimentação, os alquimistas tiveram condições de descobrir novas substâncias e de preparar novos compostos, produzindo resultados que nos séculos posteriores teriam um papel fundamental no desenvolvimento da Química moderna.

A cultura alquímica deu lugar ainda a uma abundante e heterogênea quantidade de textos: o *Aurora Consurgens*, atribuído a São Tomás, o *Capitulum de Arbore Borissa*, o *Splendor Solis*, o *Livro de Abraão, o Hebreu*, o *Metamorfosi Metallico et Humano*,[242] apenas para citar alguns.

A Itália, a França meridional e a Catalunha produziram os mais originais e importantes alquimistas de que a História se lembra e que serão a semente de um crescimento cultural e espiritual sem precedentes.

É nesse clima, e no cenário de reconquista da península ibérica pelos reis católicos que tomará corpo a empreitada "esotérica" de Cristóvão

---

241. *[Pseudo] Tomás de Aquino*, op. cit.
242. *Edito de Bréscia, em 1564, de Giovanni Battista Nazari.*

Colombo, apoiada pelo Papa genovês Inocêncio VIII, Cybo, e pelos pais naturais do próprio Colombo.[243] Tendo conhecimento de antigas cartas náuticas, e promotor de uma cruzada que antevia uma secreta descoberta das Índias e uma aliança sigilosa anti-islâmica com o mítico Padre Gianni para libertar depois o Santo Sepulcro, ao retornar da América, o navegador genovês teria, todavia, de se confrontar com uma realidade bastante diversa: um novo Papa, Alexandre VI, Bórgia, e o conseqüente cancelamento de seu projeto, em um indisfarçável favorecimento da monarquia espanhola e de seus fins comerciais e imperialistas.

---

243. *Cf. R. Marino*, Cristóvão Colombo e o Papa Traído, *RTM, Roma, 1997.*

Tommaso Campanella, Giordano Bruno e os Rosa-Cruzes

> *Vence, pois, a perseverança, porque se o cansaço é tal, o prêmio não será medíocre. Todas as coisas preciosas são colocadas na esfera do difícil. Estreito e cheio de espinhos é o caminho da bem-aventurança; grandes coisas talvez nos reserve o céu.*
> Giordano Bruno,
> *A Cena dos Comensais, Diálogo II*

Tommaso Campanella

Tommaso Campanella[244] nasceu em Estilo, na Calábria, em 1568, em um período em que a Itália era profundamente marcada pela consolidação da Contra-Reforma e por uma cada vez mais opressiva presença da Santa Inquisição. Ingressou extremamente jovem na Ordem dominicana, na qual recebeu uma formação clássica e onde se deleitou em meio a investigações filosóficas e teológicas de alta complexidade. Esses estudos levaram o jovem dominicano a se direcionar para uma figura muitas vezes rotulada como herética: Bernardino Telesio,

---

244. *Cf. G. Formichetti,* Tommaso Campanella, Herege e Mago da Corte dos Papas, *Casasle Monferato, 1999.*

autor do *De Rerum Natura*. Exatamente a admiração por Telesio levou-o, pouco depois, a Cosenza, em 1588, para rezar sobre a tumba do filósofo. Tal *afronta* custaria a Campanella uma repreensão de seus superiores e o afastamento da Calábria. Levado a Nápoles, conheceu o mago Gianbatista della Porta, com quem começou sua incursão nos estudos esotéricos e investigações mágicas. Em 1591, publicou o texto *Philosophia Sensibus Demonstrata*, que foi censurado pelo tribunal dominicano que, por sua vez, impôs ao filósofo que abdicasse de suas próprias idéias, sob pena de excomunhão. Campanella desobedeceu às ordens de seus superiores, passando a errar pela Itália, indo a Florença e a Bolonha, onde a Inquisição encontrou-o e confiscou todos os manuscritos em seu poder. Ofendido e aviltado, Campanella dirigiu-se a Pádua, onde, utilizando-se de um nome falso, inscreveu-se na Universidade, escrevendo diversos textos que, contudo, hoje estão perdidos. Também em Pádua se deu um histórico encontro entre o próprio Campanella, Della Porta, Paolo Scarpi e Galileu Galilei, grandes personalidades dos tempos em que o espírito e a investigação esotérica conjugavam-se em uma incessante pesquisa nos campos tanto filosófico quanto social e político.

A Inquisição continuou a persegui-lo e a fuga não durou muito: foi encontrado, encarcerado e torturado. Uma tentativa de fuga mal-sucedida leva-o a Roma, onde foi aprisionado no mesmo cárcere em que Giordano Bruno esperava pela morte. Para não passar novamente pelas penas da Santa Inquisição, Campanella foi obrigado a repudiar suas próprias doutrinas e seus escritos, sendo ao mesmo tempo confinado em um convento em Aventino.

Não satisfeito, Campanella continuou a se aprofundar nas artes mágicas e esotéricas que o conduziram mais uma vez às mãos do Santo Ofício. Foi nesse momento que a hierarquia eclesiástica católica, cansada de seu padre rebelde, decidiu afastá-lo definitivamente da cidade, obrigando-o a retornar a seu vilarejo natal, Estilo, onde foi confinado entre os muros de seu velho convento. Durante esse período, Campanella, juntamente a outros padres, examinou a viabilidade de instaurar uma República Cálabra, sonho que seria logo descoberto, levando o padre dominicano, fingindo-se de louco, a uma prisão que perduraria por mais de 27 anos.

Devemos exatamente a esse período de prisão a melhor produção literária e esotérica organizada até hoje. Entre suas numerosas obras escreveu *A Cidade do Sol* (1602), talvez a obra mais conhecida de Campanella, *O Sentido das Coisas e da Magia* (1604), *A Metafísica*, que contém mais de 18 volumes, e a *Apologia pró Galileu* (1616), na qual apóia as teses de Galileu, igualmente submetido ao jugo da Inquisição.

Mal terminam as peripécias do pobre frei e, liberto por intercessão de seus confrades e de alguns intelectuais, após um mês estava novamente diante do Santo Ofício. Desta vez foi recolhido aos cárceres romanos, onde permaneceu por três anos e onde, já com 62 anos, conseguiu novamente subtrair-se à fogueira. Graças à intercessão do Papa Urbano VIII, que procurou de várias maneiras protegê-lo em meio a suas inúmeras peripécias judiciais, foi solto e foi proposta a ele a direção do Santo Ofício, oferta no mínimo singular, por se tratar de um homem que durante mais de 30 anos foi levado a fugir daquela mesma instituição. Em 1633 Campanella interveio a favor de Galileu, sustentando aquelas mesmas teses que levou o estudioso a se retratar para salvar a própria vida. Pouco tempo depois, veio à luz um novo escândalo. Um seguidor de Campanella, um tal Tommaso Pignatelli, foi preso em Nápoles por ser considerado reponsável por uma conspiração contra os espanhóis.[245] Também nesse caso o já ancião dominicano "entrou na dança" por suas idéias políticas, mas desta vez ninguém poderia ajudá-lo e foi então obrigado a fugir da Itália para ser acolhido com grandes honras na corte do rei Luís XIII e do famoso cardeal Richelieu.

A vida de Campanella foi repleta de zonas obscuras, as quais os esoteristas e historiadores modernos parecem querer muitas vezes ignorar. A figura desse dominicano *herético* fascina-nos e deixa-nos atônitos, séculos após sua morte, sobretudo pelas posições antitéticas que assumiu em variados aspectos de sua vida. Já ancião e exilado, em seus últimos anos Campanella dedica-se à luta contra a heresia, deixando perplexos todos aqueles que por décadas viram em sua figura um mestre de vida e um revolucionário.

Morreu em 1639, em Paris, no convento da rua Saint Honoré, deixando à eterna memória o testemunho de uma nova visão do mundo esotérico e da sua luta pessoal contra o ostracismo imposto pela religião católica.

O pensamento esotérico desse grande filósofo, precursor do movimento Rosa-Cruz, estudioso de Fisiognomia e Astrologia, encontra-se sintetizado no *De Sensum Rerum*, escrito em Florença, no curso de suas peregrinações. Mas foi com *A Cidade do Sol* que, como sublinha Ermanno Gallo, "Campanella colocou as artes esotéricas e a Ciência a serviço do processo de transformação política da existência".[246]

Giordano Bruno

Giordano Bruno nasceu em 1548, em Nola, procedente de uma família de condições econômicas modestas. Ingresso na Ordem dos Pregadores aos 17 anos, foi logo acolhido no monastério de São Domingos Maior, em Nápoles. Desde o início de sua permanência no convento ficava evidente o contraste gritante entre sua índole culturalmente inquieta e a vida

---

245. G. *Formichetti*, op. cit.
246. E. *Gallo*, op. cit.

rigorosa e humilde a que deveria submeter-se: após apenas um ano de estudos foi acusado de desprezar os santos e o culto a Maria, incorrendo no risco de graves providências disciplinares. Sua carreira eclesiástica foi extremamente rápida, não obstante ter sido caracterizada até mesmo pelos súbitos posicionamentos imprudentes e por um fervor intelectual que apenas o cansaço era capaz de redirecionar para os hábitos culturais e comportamentos próprios da Ordem. Bruno alternava a leitura das obras de São Tomás àquelas, banidas, de Erasmo de Rotterdam, transgressões que lhe custaram a instauração de um procedimento penal em virtude do qual vieram à tona suas primeiras dúvidas sobre o dogma da Trindade. Como no caso de Campanella, em 1576 a Inquisição não tardou a se interessar pelo jovem dominicano, que, atemorizado pelo extremo rigor com que essa o perseguia e investigava, fugiu para Nápoles, abandonando o hábito eclesiástico.

Começou assim a História desse *herege-errante*, um jovem estudioso que pela liberdade de investigação e espírito de descoberta foi obrigado a peregrinar por toda a Europa, fugindo da severidade do Santo Ofício. Entre 1577 e 1578, passou um tempo em Sovona, Turim, Veneza e Pádua, para depois tomar o caminho para Bérgamo e Bréscia. Em 1578, chegou a Lion, mas foi logo obrigado a partir. Genebra, Toullouse e Paris foram seus destinos seguintes. Na capital francesa, onde gozava dos favores de Henrique III, Bruno iniciou a elaboração de seus textos mais importantes. Mudou-se então para a Inglaterra, onde foi acolhido pela rainha Elisabeth e ensinou no prestigiado Colégio de Oxford. É dessa fase o início da elaboração de seus *Diálogos Italianos* e de algumas obras latinas. A propósito do período em que Bruno residiu na Inglaterra, é nele ainda que John Bossy, historiador da Universidade de York, levanta a hipótese do estabelecimento de um liame "estratégico" entre o filósofo e a corte real. Em seu *Giordano Bruno and the Embassy Affaire*, publicado em 1991 pela Yale University Press e traduzido para o italiano pela Garzanti em 1992 (*Giordano Bruno e o Mistério da Embaixada*), Bossy sustenta, convicto, que Elizabeth I havia secretamente confiado ao ainda não quarentão frei italiano o papel de informante e homem da *inteligência*. Sabe-se que a rainha não era novata no assunto e já havia nomeado espião um outro personagem *sui generis*: o ocultista britânico John Dee.

De volta a Paris, novos conflitos com o ambiente universitário, de posicionamento claramente aristotélico, constrangeram Giordano Bruno a uma enésima partida, desta vez para a Alemanha, onde ensinou em Marburg, Wittemberg e Frankfurt. Depois retornou à Itália, em 1592, mais precisamente a Veneza, onde foi primeiro acolhido e depois denunciado à Santa Inquisição por seu anfitrião, Giovanni Mocenigo.

Graças a uma parcial retratação de suas doutrinas, Bruno conseguiu inicialmente escapar da condenação à morte e foi transferido, em 1593, para Roma, onde depois de sete longos anos de cárcere foi definitivamente condenado a queimar na fogueira. Sua execução ocorreu no Campo das Flores em 17 de fevereiro de 1600. Os tópicos da imputação que o apontaram culpado têm sua origem nas dúvidas sobre os dogmas da Trindade, a divindade de Cristo e a transubstanciação.[247] Sua condenação, porém, foi essencialmente em conseqüência às afirmações heréticas das quais foi portador: o filósofo nolano sustentava firmemente que a religião da revelação deveria ser substituída por uma *religião da razão*, que constituiria um sistema único e universal dentro do qual todos os homens possam reconhecer-se. Ao mesmo tempo, em seu *Do Infinito, o Universo e os Mundos*, sugeriria a existência de infinitos mundos habitados e propunha uma teoria segundo a qual nosso mundo seria eterno e não sujeito ao apocalipse ou ao "final dos tempos", idéia essa que, aliada às suas dúvidas religiosas, assinalaram definitivamente seu trágico destino.

Em torno da figura de Giordano Bruno ainda hoje existe uma crítica severa que parece não encontrar solução, aquela que o vê por um lado como um esoterista iluminado (Francis Yates[248] atribuiu-lhe o epíteto de *mago hermético*, apelido que foi posteriormente criticado por Hilary Gatti,[249] e por outro lado como um pensador tachado como herético em razão de suas idéias anti-católicas. De outra óptica, mais ampla, podemos todavia observar que "herético" não significa apenas "não-alinhado com o pensamento e a doutrina imperantes em uma dado momento", mas se refere ainda a uma crença e a uma *forma mentis* que se distancia ou repudia tudo aquilo que seria o sistema constituído. Um esoterista é também um herético, o que significa um indivíduo que fez uma *escolha* desalinhada com o modelo imperante. Bruno poderia, por isso, ser definido, para todos os efeitos, tanto como herético quanto como esoterista, nesse último caso também pelo fato de haver mantido contato com eminentes estudiosos de sua época, e porque produziu algumas obras sob influência do pensamento hermético. No Quarto Diálogo Italiano, intitulado *O Envio da Besta Triunfante*, Bruno demonstra claramente conhecer a Filosofia e os ensinamentos herméticos renascentistas, adotando, em sua visão de mundo e de religião ideais, alguns dos sistemas filosóficos ou políticos lá indicados. Yates[250] sublinha como Bruno é interpretado no contexto renascentista da doutrina da *prisca theologia*, ou seja, de um desejo de retorno à "pureza original".

De algum modo, Bruno constituiu o ponto de decisão do pensamento esotérico e filosófico de seu tempo. Como afirma Hilary Gatti:

---

247. *Por* transubstanciação *na teologia cristã entende-se o dogma pelo qual o pão e o vinho, consagrados na Eucaristia, transformam-se no corpo e sangue de Jesus.*
248. F. Yates, Giordano Bruno e a Tradição Hermética, *Bari-Roma, 1998.*
249. H. Gatti, Giordano Bruno e a Ciência do Renascimento, *Cortina, Milão, 2001.*
250. F. Yates, op. cit.

Que o segredo fosse procurado, com Ficino, em um texto de propriedades mágicas ou, ao par de John Dee, em um símbolo mágico como sua Monas Hieroglyphica, ou ainda, como Fludd, no misterioso comportarmento de uma pedrinha de granizo, aquilo que aproximava as várias figuras dos magos renascentistas era sua confiança de chegar a colher, uma vez neutralizadas as forças malignas do engano e da manipulação diabólica, essas misteriosas ressonâncias que canalizam o poder da própria mente.[251]

Bruno incorporou bem o fascínio pela Magia e fez-se seu detentor e propagador. Ainda que em suas obras transpareça constantemente um certo posicionamento de cunho histórico e inovador, percebe-se, ao mesmo tempo, como era profundamente atraído por essa filosofia e por tal estilo de vida.

O mundo natural do Renascimento era povoado de criaturas imaginárias, demônios e espíritos capazes de suscitar ou provocar todo tipo de abominações ou de alterar o curso natural da vida. Nesse contexto, se a religião tinha a missão de fornecer os instrumentos para pacificar e aplacar tais forças malignas, a Magia tinha a dupla incumbência de controlá-la e torná-la inofensiva para a vida do homem. Durante os anos de suas peregrinações para o exterior, Bruno desenvolveu esse segundo conceito, chegando mesmo a publicar um tratado, o *De Magia*, que abordou questões específicas e problemas ligados aos temas da Natureza dessas entidades, e o *De vinculis*, que pode ser lido como um verdadeiro "manual do mago", mas que todavia é visto como eficiente manipulador não de indivíduos mas da *Ciência*, no momento em que o próprio mago toma consciência do *vinculum* e das condições às quais deve se submeter para poder exercitar seu controle sobre a Natureza. Nesses textos aparecem identificadas diversas modalidades de "formas mágicas", como a do contato direto, chamada *virtualem* ou *potentialem*, ou por meio dos sons, como a voz, o canto ou as fórmulas rituais.Uma outra de suas obras mais importantes, *O Envio da Besta Triunfante*, parece se concentrar, além da figura de Hermes, também na antiga sabedoria egípcia, vista como depositária de conhecimentos e de culturas das quais perdemos definitivamente o rastro.

Como no caso de Campanella, também o Esoterismo de Bruno deve ser colocado sobre um plano diferente em relação ao daqueles outros pensadores que o precederam ou mesmo os contemporâneos, ou em relação a movimentos como o Hermetismo renascentista. A investigação realizada pelos dois grandes filósofos manifestou-se no âmbito eminentemente prático, político e social e teve como fim último a renovação de uma sociedade cristalizada no alimento cultural da época. *A Cidade do Sol* "não foi idealização da falida insurreição calabresa. Ela representa a arquitetura

---

251. *Op. cit.*

espiritual esotérica, na qual se resgatam os princípios da obra universal perseguida pelos rosa-cruzes".[252]

Mesmo com as devidas diferenças, o posicionamento de Bruno foi semelhante ao de Campanella: combateu o sitema cultural e religioso dominante, concentrado em uma visão mágica do mundo, na qual o aspecto do domínio do homem sobre a Natureza não é todavia jamais exaltado, mas interpretado como descoberta dos vínculos de acordo com os quais todas as coisas estão mutuamente interligadas.

Os Rosa-Cruzes

As raízes do movimento Rosa-Cruz devem provavelmente ser procuradas no âmbito do grande despertar hermético renascentista, movimento filosófico que teve em Marsílio Ficino e Giovanni Pico della Mirandola os seus dois maiores representantes.

Mais especificamente, a aproximação entre os símbolos da rosa e da cruz tem como marco histórico a figura semi-lendária de *Christian Rosenkreutz*, protagonista de um romance alquimista-literário publicado em 1616 com o título *As Bodas Químicas de Christian Rosenkreutz*. Rosenkreutz constituiu a primeira figura *pública* de uma sociedade esotérica secreta de antiqüíssima linhagem, mesmo que, historicamente, não se tenha descoberto provas concretas a confirmar a real existência de tal sociedade. O estudioso Spencer Lewis afirma[253] que tal tradição seria de origem egípcia, derivando diretamente do antigo império tebano da XVIII dinastia (1543-1292 a.C.). Aprimorada nas últimas décadas por Francis Yates (254), uma outra explicação associa, em vez disso, a mensagem Rosa-Cruz ao movimento neoplatônico tedesco e aos fermentos culturais e políticos germânicos que antecederam a Guerra dos Trinta Anos.

Seja como for, a fraternidade Rosa-Cruz estruturou-se desde seus primórdios em um total mistério. Depois de inúmeros "manifestos" publicados pela Ordem a partir de 1614, estudiosos e esoteristas de toda a Europa tentaram ingressar nessa fraternidade para descobrir e partilhar dos ideais, mas a única resposta que receberam foi o silêncio, um silêncio total e absoluto. Ninguém soube jamais quem teria publicado tal material nem tampouco quem seriam as figuras centrais ou os demais membros desse grupo. Se a historiografia oficial situa seu surgimento em 1614, com a publicação do manifesto *Fama* (título geral sob o qual são incluídas duas obras, a *Fama Fraternitatis* e a *Confessio Fraternitatis*), existem provas convincentes

---
252. E. *Gallo,* op. cit.
253. S. *Lewis,* Rosicrucian: Questions and Answers with Completer History of the Rosicrucian Order, *Amorc Funds, 1993.*
254. F. *Yates,* O Iluminismo dos Rosa-cruzes, *Einaudi, Turim, 1976.*

de uma precedente circulação de material rosa-cruz pelo menos desde 1612, isto é, em conseqüência da resposta de um certo Adari Haselayer a um dos diversos apelos dos rosa-cruzes.

Exatamente um ano depois da primeira manifestação da Ordem foram celebradas as bodas de Federico V, o Paladino e de Elisabeth, filha de James I da Inglaterra, como base da futura deflagração da Guerra dos Trinta Anos e, segundo Yates, motivo principal de a Ordem ter se revelado ao público. Se, por um lado, por trás da publicação dos chamados "voadorezinhos", é possível ventilar a hipótese de um objetivo puramente político, é por outro lado verdade que neles mesmos, além de programas para a criação de um mundo novo, haviam também importantes e profundos conceitos esotéricos que deitavam raízes sobre o mais remoto passado. Os irmãos rosa-cruz, como gostavam de ser chamados, escolheram guardar seus conceitos e doutrinas mediante o sábio uso de metáforas, ou seja, de concessões esotéricas revolucionárias. Seus próprios manifestos constituíam uma representação alegórica de tais visões, concentrada principalmente na difusão de uma nova cultura que constituísse uma alternativa àquela cultura religiosa imperante. O já citado manifesto *Fama* narra a História alegórica do mítico fundador da Ordem, apresentando, assim, um grandioso projeto de *revolução do mundo*, que, na época, causou assombro aos sábios de toda a Europa. Tal projeto previa, de fato, o advento de uma nova era que, para os não-iniciados, era interpretada como a temível conquista do "limite da consciência humana". Para valorizar tal conquista, a Ordem dos rosa-cruzes afirmava que esse Renascimento certamente seria "revelado aos homens pela bondade de Deus" e permitiria penetrar cada mistério da criação para, por fim, conduzir o homem a um estado de perfeição e onisciência absolutas. Tal mensagem é logo interpretada por alguns como o advento do fim dos dias, o apocalipse divino. Todavia, rapidamente nos damos conta de que essas mensagens guardavam um significado bem mais oculto, e tudo o que havia sido escrito deveria ser interpretado como a manifestação de um Renascimento cultural da espécie humana.[255]

O elemento caracterizador da doutrina dos rosa-cruzes é o posicionamento no modelo teosófico. Rosenkreutz que, segundo se sabe, morreu em Fez, no Marrocos, em 1486, em meio a uma de suas numerosas viagens realizadas pela África e pela Ásia, estabeleceu contato, uma vez iniciado, com os segredos esotéricos da tradição oriental, na qual teve acesso a ensinamentos superiores e velados. Seu peregrinar permitiu-lhe, desse modo, entrar em contato direto com ambientes ligados à Cabala e às Ciências Ocultas. Tal vida errante permitiu ainda a Rosenkreutz adquirir um conhecimento mágico

---

255. P. *Sédir*, História e Doutrina Rosacruz, *Bocca, Milão, 1949.*

e esotérico sem precedentes. Segundo as *Bodas Químicas*, que desde então é unanimemente atribuída ao pastor luterano Johann Valentin Andreae, o intuito de Rosenkreutz seria, além disso, o de convencer cabalistas e teósofos a fundarem uma nova sociedade secreta cujo escopo seria ressuscitar a humanidade para um novo misticismo e uma nova compreensão da Magia.[256]

A impenetrabilidade e o mistério da busca rosa-cruzista não desencorajaram os estudiosos de toda a Europa que, provocados pelas admoestações feitas pela Ordem, começaram a criar novos grupos esotéricos, procurando refletir, em suas intenções filosóficas, o pensamento e a linha ideológica traçada pelos *manifestos*. O principal objetivo dessas novas "filiações", como foi traçado nos planos originais, reproduzia *in totum* o antigo espírito alquímico, investigando, na prática, e no mais profundo da consciência, o segredo da Pedra Filosofal, isto é, a compreensão das leis da Natureza e do homem. O próprio Francovich, em sua *História da Maçonaria na Itália*[257], afirma que o verdadeiro núcleo da sabedoria Rosa-Cruz é ancorado em uma tradição secreta constituída por uma linha ininterrupta de iniciados que transmitiram por gerações seus segredos, para a salvação da humanidade.

A tradição reza que esses *obscuros mestres* circulam ainda hoje entre as pessoas, à procura de homens *particulares* a quem transmitir seus conhecimentos e segredos iniciáticos. A moderna Ordem Rosa-Cruz possui um vínculo ideal com a antiga Ordem, que jamais manifestou-se realmente, cunhando suas próprias doutrinas com uma visão do mundo próxima da cristã, mas sem deixar de se voltar para os mitos e ritos do antigo Egito.

Algumas circunstâncias absolutamente particulares parecem haver destinado mais uma vez à Itália um papel de primeiro plano na manifestação histórica do movimento Rosa-Cruz. Mais especificamente, Veneza desempenhou respeitável papel nesse movimento. Nas primeiras décadas do século XVII, Veneza passava por uma situação política bastante particular, colocando-se em franca oposição ao papado e a algumas reformas que ele pretendia implantar.

Entre os mais importantes personagens que articulavam nos bastidores da revolta veneziana encontramos até um homem da Igreja: o padre Paolo Sarpi (1552-1623). Sarpi fazia parte da Ordem dos servidores e, desde jovem, envolveu-se no estudo da Filosofia e da Teologia, como também das ciências, com particular interesse pela matemática. Sua influência cultural cresceu ao mesmo tempo que sua ascensão no contexto da hierarquia eclesiástica, de forma tal que, em 1585, foi nomeado Procurador Geral de

---

256. *Cf. P. Andronico Tosonotti, Os Rosa-Cruz, Xenia, Milão, 2000.*
257. *C. Francovich, História da Maçonaria na Itália. Das Origens à Revolução Francesa, La Nuova Italia, Florença, 1974.*

Bolonha. Obrigações religiosas chamaram-no depois a Roma, onde conheceu, além de alguns dos mais importantes homens de seu tempo, diversos esoteristas. De volta a Veneza, continuou seus estudos, não deixando porém de encontrar e de estabelecer relações de amizade com personagens como Galileu e Giordano Bruno. Não obstante, pelo menos, duas denúncias à Santa Inquisição, Sarpi continuou agindo da mesma forma, o que em 1605 levou-o ao clímax do atrito com Roma.

Depois de cerca de 20 anos de lutas jurídicas com o Estado Pontifício, um novo conflito pareceu agravar ainda mais o rancor da Sereníssima nos confrontos entre privilégios e imunidades eclesiásticas. Sarpi, nesse meio tempo, foi nomeado teólogo e canonista da República (1606), posição que lhe permitiu denunciar abertamente o que ele mesmo definiu como abusos e pretensões infundadas do Catolicismo romano. Seu ataque dirigia-se concretamente para os principais doutrinadores e religiosos que a Igreja Católica havia apoiado durante a Contra-Reforma, que insistiam na supremacia do Catolicismo nos embates com cada uma das outras religiões, e com isso no primado do papado. Sarpi fazia, em vez disso, parte daquele rol de pensadores que, como Bruno ou Campanella, desejavam ver implementada uma renovação interior e exterior na Igreja Católica e a instauração de uma consciência na qual o verdadeiro e recôndito espírito do Cristianismo fosse revelado, muito além das pretensões e dos dogmas inspirados pela exclusiva sede de poder temporal.

A excomunhão por parte de Roma não tardou muito a vir, procedimento esse que todavia obteve o único resultado de estimular ainda mais o religioso, cujo trabalho para desmantelar a pretensa supremacia papal culminou com a publicação em Londres, em 1619, da *História do Concílio Tridentino*, obra que foi publicada no ano seguinte na Itália, pelas mãos de Marc'Antonio de Dominis, então bispo de Espalato. Nela, Sarpi optou por conservar-se anônimo, preferindo ocultar seu nome por detrás do anagrama Pietro Soave Polano (Paolo Sarpi Veneto). Um dos aspectos da *História* que suscitaram de forma mais ardente nosso interesse pela Ordem Rosa-Cruz foi o subtítulo que o autor deu à obra: "Na qual são desvendados todos os artifícios da corte de Roma para impedir que nem a verdade sobre os dogmas se tornasse pública, nem a reforma do papado fosse abordada".

Comparando a vida e as obras de Sarpi com a publicação do já citado manifesto rosa-cruz *Fama Fraternitatis*, parece não totalmente casual o fato de que o manuscrito[258] tedesco refira-se ao "texto de um escritor italiano que cultua uma *reforma geral do universo*",[259] frase que, por outro lado, já aparecia nas *Notícias de Parnaso*, de *Traiano Boccalini* (1556-1613), amigo de Sarpi e grande estudioso do Esoterismo. Talvez os ideais de Sarpi

---

258. *Em um tipo de introdução à primeira edição.*
259. *F. Yates,* O Iluminismo dos Rosa-Cruz, *Einaudi, Turim, 1976.*

tivessem conquistado os compiladores dos manuscritos rosa-cruzes, ou talvez ele mesmo fizesse parte desse grupo de personalidades. O próprio Boccalini parece ter ocupado um papel fundamental na publicação da já citada *Fama Fraternitatis*. O seu *Notícias* será publicado junto ao seu *Fama*, mesmo que na essência o próprio Boccalini demonstrasse extremo pessimismo a respeito do texto Rosa-Cruz.

Até Giordano Bruno não poderia estar ausente do movimento italiano que provavelmente inspirou a compilação dos *manifestos*. Durante sua estada em Veneza, Bruno teve, de fato, contato, além de Galileu, também com Scarpi, com quem manteve intensos diálogos de Natureza tanto religiosa quanto filosófica. Em seu estudo,[260] Yates destaca especificamente a influência que Bruno tinha sobre estudiosos contemporâneos seus, mas também como "uma secreta influência bruniana poderia haver contribuído para o desenvolvimento da espécie de reforma que aparece velada nos manifestos rosa-cruz".[261] Uma simples confirmação indireta de tal influência poderia residir na "força" que o próprio Bruno teve sobre o pensamento de Boccalini, por sua vez conhecido como Andreae, provável autor das *Bodas Químicas*.

---

260. *Vide nota precedente.*
261. *Op. cit.*

O Século XVIII
e a Maçonaria

Mesmo não carecendo de figuras de destaque, com o passar do cientificismo e do ceticismo iluministas, os estudos esotéricos sofreram, no século XVIII, uma abrupta voz de prisão.

Personagens de relevo, como o conde de Cagliostro que, sob o título iniciático de Grande Cofto, introduziu na Europa amostras de Esoterismo egípcio, morreu presumivelmente aprisionado em São Léo, por Ordem da Igreja Católica; como o fantasmagórico conde de Saint-Germain, iniciado onipresente nas cortes européias que, segundo uma carta de Horace Walpole, de 1745, teria mais de uma vez nascido em Asti e que, segundo outros, teria alcançado a imortalidade ou, ao contrário, talvez tivesse sido o lendário Hebreu Errante, condenado a vagar até o final dos tempos por haver zombado de Cristo durante o caminho para o Calvário; como o grande alquimista napolitano, príncipe de São Severo, ou como o próprio Giacomo Casanova, aventureiro e amante, mas também grande bibliotecário.

Foi apenas nos últimos anos do século, quando a expedição de Napoleão ao Egito revelou à Europa os mistérios dessa antiga civilização e, com eles, além das contribuições de um Champollion e de um Rosellini, a imagem esotérica do Oriente refletida no apoio de Bonaparte às concessões maçônicas, foi que o interesse pelo lado "oculto" da vida voltou a despertar, ressurgindo definitivamente nas primeiras décadas do século XX, graças sobretudo ao trabalho de Alphonse Louis Constant, conhecido sob o pseudônimo de Eliphas Levi.

O século XVIII não foi, todavia, ausente de movimentos ou doutrinas que proponham princípios esotéricos no contexto de seus próprios rituais ou de sua simbologia. Foi exatamente nas primeiras décadas desse século que se tornou sua coadjuvante oficial uma instituição da qual se falou muito nos séculos seguintes: a Maçonaria.

Desde sua criação oficial, a Franco-Maçonaria, ou Livre Muradoria, nasceu como uma entidade extremamente complexa e dificilmente enquadrável em uma única corrente ideológica ou política, menos ainda passível de ser limitada apenas ao âmbito iniciático, esotérico e espiritual. Existiu, em suma, com a finalidade de servir à interpretação histórica, como duas Maçonarias, a primeira "explorável e analisável mediante instrumentos bem testados de pesquisa científica"; a segunda, impenetrável a esses intrumentos e exigindo "o uso de outros e mais aptos meios de pesquisa".[262] Assim afirma Natale Mario di Luca em seu *A Maçonaria, História, Mitos e Ritos:* "O próprio Esoterismo – prossegue di Luca - é para todos os efeitos o universo submerso e pouco visível da Maçonaria, seu coração e sua medula, verdadeiro e único fio condutor de onde provém".

Em 24 de junho de 1717, dia de São João Batista, quatro Lojas de Londres reuniram-se à meia-noite, próximo à Catedral de São Paulo, em uma taverna chamada O Ganso Grelhado, fundando e oficializando a primeira Grande Loja da História, com o específico intento de unificar as diversas filiações e os diversos regulamentos da Maçonaria. A tradição defende que tal *Loja* seria derivada diretamente das antigas *guildas* de construtores medievais, ou seja, de corporações de mestres conhecidas desde a mais remota Antiguidade. Dos primeiros *colégios sacerdotais* (assim eram chamadas, antigamente, as guildas de construtores) chegamos às corporações medievais, verdadeiros e autênticos cenáculos nos quais eram conservados, além de aplicados, os conhecimentos secretos sobre a arte da construção. A Idade Média é talvez um dos períodos de maior florescimento de tais corporações, se observarmos que os construtores das catedrais se beneficiaram, da parte das autoridades eclesiásticas, de particulares privilégios constituídos por franquias, tribunais especiais e isenções de vários tipos, das quais deriva o termo *independentes* ou *franco-pedreiro*.

Na Idade Média a arte da construção recebia diferentes denominações, mas, acima de qualquer outra denominação, existia aquela da *Arte Real*, na qual os segredos de engenharia eram transmitidos apenas àqueles que se mostravam dignos. Tais modelos contribuíram para a criação do ideal de construção da *Obra Suprema*, da realização do que seria uma Igreja Ideal, de um Templo Perfeito que fosse imagem e manifestação do divino. A arte de erguer edifícios constituiu assim uma Ciência, uma Filosofia, ou seja, uma verdadeira e genuína doutrina transmitida no mais absoluto segredo. A passagem da *Maçonaria Obrante* para a *Especulativa* moderna ocorreu inteiramente na Inglaterra, presumivelmente graças à pre-

---

262. *Cf. N. M. di Luca,* A Maçonaria. História, Mitos e Ritos, *Atanor, Roma, 2000.*

sença de um número cada vez mais considerável de *maçons aceitos,* ou seja, de indivíduos que, mesmo pertencendo a outros ofícios ou corporações, eram acolhidos no contexto dessa corporação.

Os antigos documentos maçônicos parecem, porém, insistir em colocar as origens de tal Ordem em um passado ainda mais remoto, possivelmente no antigo Egito. Em 1783, o Grão-Mestre do condado de Kent, George Smith, sustentou, em diversas publicações, que a Maçonaria teria dado origem provavelmente a muitos dos próprios mistérios da antiga terra dos faraós. Ignazio von Born, conselheiro do rei austríaco Giuseppe II, era da mesma opinião, tendo publicado, por sua vez, um artigo que recebeu os aplausos de seu confrade Wolfgang Amadeus Mozart. A lenda conta que em razão de tal fascínio, Mozart começou a compor sua *Flauta Mágica,* narrativa de uma antiga lenda egípcia.[263] Os próprios rituais egípcios, aqueles que permaneceram até nossos dias, evidenciam bem que poderia existir um paralelismo entre os antigos rituais religiosos ou corporativos e os modernos rituais maçônicos. Mas podemos supor que se trate de meras especulações, carentes de embasamento em provas histórico-arqueológicas, ou seja, privados da necessária base de cientificidade e rigor. Existem, contudo, duas teorias bem distintas, propostas nas últimas décadas, que poderiam lançar mais luz sobre as míticas origens da Maçonaria. Indubitavelmente, a cada boa História, antes de identificar nexos causais diretos e conexões irrefutáveis entre os antigos grupos egípcios e a moderna Franco-Maçonaria, devemos ser muito atentos e escrupulosos. Os dados que apresentaremos nesse contexto são de algum modo indicativos de uma forma de pensar e de uma "formação prática" e religiosa que se perpetuou no tempo, chegando talvez a inspirar ou permear os primórdios da própria Maçonaria.

Entre 1920 e 1952, o egiptólogo francês Bernard Bruyère[264] realizou no Egito fantásticas descobertas arqueológicas que poderiam responder a algumas de nossas indagações. Bruyère encontrou, em Deir el-Medineh, ao sul da necrópole de Tebas, um complexo de sepulcros e estruturas pertencentes a uma fraternidade de arquitetos-pedreiros dos fins da XVII dinastia, ou seja, ao redor de 1315 a.C. Os membros dessa fraternidade eram habituados a se vestir com aventais cerimoniais que lhes permitiam distinguir-se dos profanos, mas que incorporavam também um significado mais espiritual, representando as vestes divinas que o construtor jamais deve-

---

263. *É de se observar como mesmo o texto do libreto de tal obra havia sido redigido por outro maçom, E. J. Schikaneder.*
264. B. Bruyère, Rapport sur lês fouilles de Deir el Médineh, *1933-35 (=FIFAO, 14-15),* 2 Bde. Kairo 1937; ver ainda o relatório sobre as escavações de 1935 a 1940. *Para uma ulterior bibliografia, veja-se* http://www.kv5.de/html_german/ bibliography_medineh_german.html.

ria macular com comportamentos ou atitudes morais incorretas.[265] A subdivisão hierárquica era, por sua vez, totalmente semelhante a dos modernos primeiros três graus maçônicos: aprendiz, discípulo e mestre pedreiro. As atividades dessa fraternidade de construtores desenvolveram-se em dois níveis; o primeiro, obrante, que exigia o máximo cuidado e conhecimentos durante a construção; e o segundo, especulativo, no qual se procurava conduzir o *arquiteto* a uma mais elevada compreensão da obra construída, ou seja, a um crescimento espiritual. A prova de uma possível ligação com a atual Maçonaria foi encontrada em Deir el-Medineh, uma apaixonante História referente ao assassinato de um mestre pedreiro chamado Neferhotep,[266] pelas mãos de um operário que pretendia roubar seus segredos. Essa História recorda muito a figura maçônica do mestre Hiram, morto por três subordinados, novamente com o intuito de arrancar-lhe os segredos da arte de construir. Ao mesmo Bernard Bruyère impôs-se, durante a investigação, à freqüente constatação de que a fraternidade de Deir el-Medineh antecipava em tudo e por tudo as características da moderna Maçonaria.

Uma segunda e extremamente controversa hipótese sobre as possíveis origens egípcias da Maçonaria foi proposta em 1996 por dois estudiosos ingleses, Knight e Lomas, em seu texto *A Chave de Hiram*.[267] Os dois autores debateram-se em um enigma histórico sem precedentes e de forte apelo para a tradição maçônica: identificaram em uma múmia descoberta em 1881 pelo egiptólogo Brugsch o possível corpo do arquiteto Hiram. O cadáver pertencia ao faraó *Seqnenrie Te'o*, um dos faraós[268] que haviam sido confinados a Tebas,[269] praticamente ao lado de Deir el-Medineh, durante a dominação dos hicsos.[270] Seu corpo apresenta[271] numerosas fraturas esxpostas em nível craniano, indício de uma morte provocada por meio de um instrumento semelhante a um malhete ou uma colher de pedreiro. O faraó no Egito representava tanto a figura política quanto religiosa mais importante, considerado a encarnação terrena do deus Hórus. Nas mãos do faraó eram também mantidas as mais importantes funções necessárias para se governar o reino, entre as quais mesmo a direção da Arte Real, ou seja, da construção da qual muito provavelmente o faraó em pessoa cons-

---

265. *Detalhadas informações são reportadas pelo escritor francês Christian Jacq em* A Maçonaria. História e Iniciação, *Múrsia, Milão, 1978.*
266. *Nome que, traduzido, resulta formado por duas palavras egípcias que significam "a perfeição na beleza" e "a paz, a plenitude".*
267. Ch. Knight – R. Lomas, A Chave de Hiram, *Mondadori, Milão, 1997.*
268. *I.* Wilson, The Exodus Enigma, *Weidenfeld and Nicolson, London, 1985*
269. P. A. Clayton, Chronicle of the Pharaohs: The reign by reign of the rulers and dynasties of ancient Egypt, *Thames & Hudson, London, 1994.*
270. *Que os historiadores tendem hoje a identificar como antepassados do povo hebreu.*
271. *A múmia é conservada atualmente no museu do Cairo.*

tituía o vértice, ocupando o papel de Grão-Mestre. Por meio de minuciosa comparação com a lenda maçônica e dos poucos documentos que permaneceram até hoje sobre o faraó, os dois autores concluíram que existem fortes possibilidades de que realmente Seqnenrie seja o lendário arquiteto Hiram da Maçonaria.[272] A partir de tais hipóteses surgiram muitas polêmicas, como também profundas discussões que não parecem ainda ter-se apaziguado, mas, seja a hipótese formulada pelos ingleses verdadeira ou falsa, essa como que permitiu que legiões de estudiosos convergissem seus esforços para uma nova visão do antigo passado da Maçonaria.[273] A tradição maçônica também liga-se à construção do Templo de Salomão, em Jerusalém, e tem na figura de seu construtor, Hiram, o símbolo máximo do grau de Mestre Maçon.

No século XVIII, a instituição transformou-se oficialmente de corporação de profissionais para um grupo estritamente especulativo, conservando porém os símbolos, os rituais, a linguagem e os usos e assumindo a missão de cultivar o "amor fraterno" e a "pedra mestra". A ritualidade iniciática continuou a constituir uma base imprescindível para o desenvolvimento do trabalho maçônico e a esse respeito observamos que alguns desses ritos teriam provavelmente derivado das antigas iniciações obreiras e de confraria, de alguns cultos místicos da Antiguidade, de rituais gnósticos, herméticos, alquímicos e mitraicos.[274] Essa instituição adotou as expressões máximas dessas correntes culturais, introduzindo-lhes no âmbito de sua própria ritualidade.

A iniciação, conforme vimos, desempenhou um papel fundamental para o nascimento no indivíduo de um novo espírito, de um novo hábito mental, que permitia a passagem de uma condição inferior a uma superior, da pedra bruta à pedra lapidada. O leigo é normalmente subordinado a uma série de atos e provas simbólicas e alegóricas, os rituais, que o conduzem a uma morte alegórica, para depois renascer nas vestes de um novo homem.[275] Cada grau preserva conhecimentos específicos e é identificado por símbolos e rituais particulares. O iniciado Aprendiz deve respeitar, além disso, o mais absoluto segredo sobre tudo o que é realizado no interior da Loja, o que é reservado unicamente aos iniciados, indispensável para que se possa elevar acima do mundo material externo, ou seja, atingir o aprimoramento interior por meio do auxílio de seus Irmãos. A regra do silêncio manifesta

---

272. Ch. Knight – R. Lomas, op. cit., pp. 131-165.
273. Cf. J. Lhomme – E. Maisondieu – J. Tomaso, Esoterisme et Spiritualite Maçoniques, Dervy, Paris, 2002.
274. C. Jacq, A Maçonaria. História e Iniciação, Múrsia, Milão, 1978.
275. P. Geay, Tradição e Maçonaria, Atanor, Roma, 2002.

as próprias origens do Pitagorismo,[276] uma corrente esotérica que influenciou em todas as épocas cultos místicos e seitas esotéricas. A Maçonaria manteve os três graus iniciáticos, como ainda outros elementos próprios desse culto.[277]

Centro nevrálgico da nova Maçonaria do século XVIII foi a Loja, o Templo, que sofreu futuras variações com base nos ritos e nos graus praticados. A Loja[278] constitui a imagem e o símbolo do Cosmos, local de união e crescimento dos iniciados, ou seja, uma porta para uma nova compreensão da Criação e do ser humano. Do mesmo modo, o símbolo adquire uma nova força, assumindo o valor de meio evocativo, ou seja, de investigação da verdade. A principal função do Simbolismo é despertar no iniciado a intuição, meio pelo qual o Esoterismo pode atingir a essência da realidade e dos fenômenos.[279] Extremamente emblemática é ainda a confluência para a Maçonaria de numerosos adeptos da corrente esotérica Rosa-Cruz. Trata-se dos primórdios desta instituição e, a tal respeito, não existem fontes documentais claras no que tange às motivações desse notável afluxo, ainda que numerosos estudiosos concordem com a afirmação de que provavelmente foram a base da criação dos altos graus dessa instituição. A fundação londrina de 1717 suscita também numerosas indagações de solução nada fácil. É certa e documentada a presença, já no século XVII, de Lojas espalhadas por toda a Inglaterra, embora sensivelmente mais numerosas na Escócia, que se movimentavam e trabalhavam quase unanimemente em pleno acordo com os modernos ditames morais da Ordem.

As afirmações de alguns autores,[280] que vêem na Maçonaria uma filiação direta dos Templários, são porém de se considerar com muito cuidado. A Ordem do Templo constituiu, seguramente, um elemento importante na difusão de novos ideais, e talvez mesmo de novas doutrinas, por todo o mundo medieval. Estruturou-se e funcionou por meio de leis e códigos morais identificáveis também no âmbito do ideal maçônico moderno e tornou-se muito provavelmente depositária de uma antiga cultura descoberta sob a esplanada do Templo de Jerusalém.

Uma *presença* templária depois de 1314, data em que a Ordem foi definitivamente desmantelada, é identificada ainda na Escócia do rei Robert Bruce, que havia sido há pouco tempo excomungado pela Igreja Católi-

---

276. *A Reghini*, A Tradição Pitagórica Maçônica, *Melita, Gênova, 1988.*
277. *Cf. P. A.Tosonotti*, O Esoterismo, *Xenia, Milão, 1997.*
278. *O próprio nome deriva etimologicamente da raiz indo-ariana* lonke *ou* lodke, *ou seja, "Lugar do Cosmos".*
279. *R. Chissotti*, Moderno Dicionário Maçônico, *Bastogi, 2001.*
280. *M. Baigent – R. Leigh*, O Templo e a Loja, *Newton Compton, Roma, 1998.*

ca.²⁸¹ Atualmente, a ligação ou a possível continuação da Ordem no seio da Maçonaria é, no mínimo, uma teoria fascinante, carente, porém, de confirmações ou de indícios documentários ou historiográficos inexpugnáveis. Talvez fosse mais simples supor que os Templários tivessem exercido uma certa influência sobre antigas corporações escocesas, de modo que fosse transmitida a uma Maçonaria *in fieri*.

O século XVIIII assinalou na Inglaterra e na França um momento fundamental para a difusão do pensamento maçônico. Se por um lado a Inglaterra podia ser considerada de pleno direito o nascedouro dessa nova instituição, a França havia constituído um sítio alternativo, gerado pelo exílio da família real dos Stuart e em seguida de nobres e militares, em grande parte maçons, irlandeses e escoceses que haviam acompanhado os membros da casa real.

A Maçonaria francesa ficou conhecida desde então como extremamente rica de ritos e de figuras prestigiadas. O termo Loja foi rapidamente substituído por "Capítulo", enquanto novas formas de Esoterismo pareceram estruturar-se ou insinuar-se nos diversos ritos. O mais importante Capítulo de que se tem notícia foi o de Clermont, do qual saiu o Barão von Hundt, que foi o criador da Maçonaria tedesca. Também nessa grande ebulição francesa foram criados os Cavaleiros do Oriente (1763), como também os Eleitos de Cohen, pelas mãos de Martinez de Pasqually, e a Ordem Martinista, que se ligava à figura de Claude de Saint Martin.²⁸²

Em quase um século, a Maçonaria difundiu-se consideravelmente, ampliando sua atuação e espalhando seus princípios de igualdade, fraternidade e liberdade. Na Itália, em 1805, sob a égide do regime napoleônico, foi fundado o Grande Oriente da Itália, instituído por um conselho do Rito Escocês Antigo e Aceito,²⁸³ e preparado para difundir novos ideais no país. É provável que a primeira Loja italiana remonte, entretanto, à Florença de 1731, quando sabemos que a colônia inglesa toscana, por intermédio de Lord Holland Henry Fox, importou a recém-nascida cultura maçônica para o território italiano.²⁸⁴ Sobre essa primeira Loja recaiu a dura perseguição

---

281. *A excomunhão de Robert Bruce tornou, para todos os efeitos, a Escócia um teritório isolado, uma terra de ninguém na qual nem a hierarquia eclesiástica nem os agentes de Felipe, o Belo, aventuravam-se sem temor. Essa situação permitiu, provavelmente, aos Templários perseguidos refugiarem-se em antigos postos pertencentes à sua Ordem, sem que emissários papais ou reais franceses pudessem perturbá-los. Uma possível confirmação histórica desse tipo de fuga pode ser encontrada no desaparecimento da frota templária do porto francês de La Rochelle, pouco antes que os emissários franceses dessem início à sua infame farsa.*
282. E. Bonvicini, O Esoterismo na Maçonaria Antiga, 2 vols., Atanor, Roma.
283. C. Jacq, op. cit., apêndice de A. C. Ambesi.
284. *Informações contidas em www.grandeoriente.it, na página* Início e Difusão na Itália no Século das Luzes, *e de F. Conti,* História da Maçonaria Italiana, *Il Mulino, Bolonha, 2003.*

imposta pela bula pontifícia *In Eminenti*,[285] inaugurando uma longa série de excomunhões e condenações que a Igreja Católica faria imediatamente contra essa Ordem. Toscana, Lazio, Piemonte, Reino Lombardo, Vêneto e Nápoles, no espaço das poucas décadas da segunda metade do século XVIII, começaram a se transformar em genuínas forjas do pensamento maçônico, espalhando e ampliando cada vez mais os ideais desta antiga instituição. Em 1814, a Maçonaria italiana sofreu, porém, um duro bloqueio, causado por um edito do rei Vittorio Emanuele I, que renovava a "proibição das assembléias e reuniões secretas, qualquer que seja sua denominação, principalmente aquelas dos denominados Livres Pedreiros, já proibidas pelo Edito Régio de 20 de maio de 1794". Entre 1821 e 1854 ocorreram bem poucas iniciações sobre o território italiano; a maior parte verificou-se no exterior, como no caso de Giuseppe Garibaldi, embora secretamente continuassem a existir numerosas Lojas e diversos ritos. Nesse período assiste-se, ainda, à fundação de diversos Grandes Orientes, como o de Turim (1859), da Sicília (1860), de Nápoles[286] (1861), de diversas assembléias constituintes[287] e da transferência da sede de Florença para Roma. Amadureciam, entretanto, as condições necessárias para que pudesse ocorrer uma unificação com a vertente de Palermo, enquanto em 1887 verificaram-se aquelas necessárias à reunificação com os Supremos Conselhos de Turim e Roma.

A contraposição entre Igreja Católica e Maçonaria tensionava-se cada vez mais, chegando ao seu auge em 1884, quando o papa Leão XIII publicou a encíclica *Humanum Genus*, que marcou o momento mais duro do conflito entre as duas instituições. Em 1908 assistiu-se aos desdobramentos de problemas causados pela unificação dos rituais, fatos que conduzirão, em 21 de março de 1910, à criação da Grande Loja.

A evolução italiana da Franco-Maçonaria foi contínua e prolongou-se no tempo, abraçando as mais apaixonadas e importantes mentes da cultura e favorecendo na Itália o surgimento de novos ideais e de uma nova moral. Seus membros foram nomes da política e da cultura, de Gioacchino Murat a Giuseppe Garibaldi, de Alfredo Baccarini[288] a Giuseppe Mazzini, de Giosue Carducci a Gabriele D'Annunzio, e tantos outros personagens que demoraríamos a citá-los todos.

---

285. *Publicada em 28 de abril de 1738. Estando o papa cego desde 1734, a bula foi promulgada pelo Cardeal Firrao, que depois lutou, sem todavia obter sucesso, por impedir que as sandálias fossem para Prospero Lambertini (Benedetto XIV).*
286. *Por iniciativa do arcebispo calabrês Domenico Ancherà.*
287. *Como a 2ª. Assembléia Constituinte realizada em Florença entre 1° e 6 de agosto de 1863, e também a 3ª., também sediada em Florença, mas em 1864, que elegeu como seu Grande Mestre Giuseppe Garibaldi.*
288. *Por três vezes, ministro das Obras Públicas de 1878 a 1883, membro da Pentarquia e grande inovador e construtor da rede ferroviária italiana, Baccarini, junto a Garibaldi, teve um papel preponderante em Roma, promovendo profundas inovações para melhorar a situação hídrica e fluvial da cidade.*

A Maçonaria italiana, como a estrangeira, assumiu plenamente a missão que se esperaria de uma sociedade esotérica, permitindo que ingressassem em suas filas apenas quem tivesse se conservado digno e houvesse sido iniciado por uma Loja regular, prosseguindo com um aperfeiçoamento interior que conduziria a um avanço por meio de diversos graus iniciáticos, até que se chegasse a adquirir um espírito de fraternidade e de auxílio típico de muitos movimentos esotéricos do passado.

Do Século XIX dos Médiuns ao Fascismo Esotérico

> *Aquele que ignora a História está condenado a repeti-la.*
>
> George W. F. Hegel

A primeira metade do século XIX na Itália é caracterizada por um autêntico Renascimento da cultura esotérica. Presenciamos uma proliferação de grupos que se atribuem os mesmos nomes das antigas escolas místicas, pitagóricas, platônicas, cabalísticas, alquímicas, gnósticas e rosa-cruzes, como ainda a um "revival" de tipo cavaleiresco que teve seu ápice com o ressurgimento do Templarismo. Dois foram os fatores desencadeadores de tal despertar: uma maior liberdade de pensamento nos confrontos com os ditames da religião católica, e uma nova possibilidade das classes sociais menos favorecidas de adquirir cultura.

Foi exatamente nesse período que se começou a reinterpretar, por um método científico e racional, fenômenos desde sempre considerados não passíveis de interpretação senão como produto ou emanação da própria religião: os milagres, a figura de Cristo, os fenômenos mediúnicos e todas aquelas ocorrências desde há muitos séculos consideradas fruto de simples exaltação mística ou da intervenção demoníaca.

Cecilia Gatto Trocchi, antropóloga da Universidade de Perúgia, explica como "tais planos de fundação iniciática eram um tipo de arqueologia mítica que resgatava crenças e instituições em desuso, tentando fornecer instrumentos de pesquisa especulativa por meio do

Esoterismo ou do Ocultismo",[289] atribuindo, assim, a tais referências culturais um significado essencialmente criativo e limitando-as à tendência oitocentista de "procurar o mistério onde não está". De diversa opinião é o estudioso Eugenio Bonvicini,[290] que em um ensaio de 1978 interpretou tais movimentos oitocentistas como a manifestação de instâncias culturais latentes e jamais adormecidas no curso da História.

Além de toda possível interpretação, o século XIX na Itália conheceu, em suma, um "ressurgimento", não apenas sob o aspecto político ou cultural, mas também esotérico. Não é por acaso que tanto Giuseppe Mazzini quanto Guiseppe Garibaldi eram notoriamente maçons.

O Ocultismo, portanto, introduziu-se poderosamente no contexto das malhas de nossa cultura ressurgente. Turim, desde sempre considerada "cidade mágica", acolheu dentro de seus salões os nomes mais importantes da época: em 1856, a capital sabeísta presenciou a formação de uma sociedade espírita, que tinha entre seus adeptos o vice-presidente da câmara dos deputados, Antonio de Marchi. O próprio Cavour teve seguramente participação, e talvez até abraçasse a "causa espírita".

Foi precisamente o surgimento da investigação metafísica que deu nova conotação ao Esoterismo do século XIX. Se, por um lado, de fato, continuavam a existir correntes e teorias que se reportavam ao passado e aos antigos movimentos esotéricos, começou a se manifestar então um novo estímulo cultural, dirigido ao contato com e à compreensão do "mundo sutil", do não perceptível. Nascia a disciplina hoje definida como Parapsicologia que, além-mar, nos Estados Unidos, havia apenas dado os primeiros passos com as irmãs Fox e com Alan Kardec.

Na capital mágica, um certo ambiente intelectual de cunho anticlerical começou a manifestar suas tendências esotéricas e espíritas, depois que o próprio rei Vittorio Emanuele II aderiu à "causa mediúnica". A família Savóia era conhecida pela atração que tinha por essas disciplinas, favorecendo-as e cultivando-as sempre que as situações permitiam. Umberto de Savóia, príncipe de Nápoles, e a futura rainha Margherita mantinham contato com os ambientes espíritistas napolitanos, "como já haviam feito alguns membros da casta dos Bourbon, entre os quais o príncipe Luiz",[291] exemplo de como essa tendência estava se difundindo por todos os estratos sociais, quase como uma moda, diferenciando-se nesse aspecto do Esoterismo clássico, que se concentrava, ao contrário, exclusivamente no crescimento espiritual e interior, que como tal pressupunha vários graus de iniciação e dificuldades de acesso totalmente diversas.

---

289. *C. Gatto Trocchi*, O Ressurgimento Esotérico, *Mondadori, Milão, 1996.*
290. *E. Bonvicini*, A Maçonaria na História, *in* A Livre Maçonaria, *SugarCo, Milão, 1978, p. 178.*
291. *P. L. Baima Bollone*, A Ciência no Mundo dos Espíritos, *SEI, Turim, 1995.*

Nesse ínterim, firmava-se na França uma nova escola esotérico-maçônica, que havia suscitado discussões por décadas. Os inspiradores dessa corrente foram Eliphas Levi e, posteriormente, seu discípulo Papus.[292] Ambos sustentavam que o Ocultismo deveria ser considerado a verdadeira matriz da qual a Maçonaria teria sugado seu próprio fluido vital e que a ninguém e a nada senão ao Ocultismo deveria ser reconhecido o mérito de haver estruturado a tradição maçônica em seus ritos, símbolos e mitos.[293] Não tardaram muito a chegar as respostas dos Grandes Orientes nacionais, incluído o italiano, que negaram peremptoriamente tais asserções. Um conceito expresso por Papus é, entretanto, útil na observação de como a cultura da época vivia certas problemáticas e como considerava as tradições que estavam se difundindo:

> *O Ocultismo tem por escopo o estudo da tradição antiga referente às forças ocultas (sobrenaturais) da Natureza, do homem e do Plano Divino. Essa tradição era transmitida a uma elite de indivíduos selecionados mediante uma iniciação progressiva, tanto no antigo Egito quanto nos antigos santuários da China e da Índia.*[294]

O Ocutismo do século XIX, bem como parte do Esoterismo, serão, contudo, permeados por nebulosos reclamos de uma mítica Antiguidade na qual poucos eleitos eram depositários de um conhecimento superior. Segundo Eliphas Levi:

> *Por meio de todas as transformações religiosas, foram conservados os ritos secretos da religião universal, e é nos fundamentos e nos valores desses ritos que consiste, ainda hoje, o grande segredo da Franco-Maçonaria.*[295]

Conceito que por si só não parece refutável, mas que foi negativamente influenciado por um forte componente ocultista propugnado pelo próprio Levi.

Voltando aos limites territoriais da Itália, aí também se consolidava, mesmo que com algum atraso em relação a outros países, o pensamento positivista, que submetia à confirmação experimental toda disciplina que fosse digna de interesse. Foi em tal clima cultural que fenômenos como a hipnose, então chamada Mesmerismo, como o espiritismo e a mediunidade começaram a ser estudados não mais no âmbito esotérico, mas utilizando-se dos instrumentos que a Ciência positivista colocava à sua disposição.

---

292. *Ambos os nomes são pseudônimos. Levi, na realidade, se chamava Alphonse Louis Constant (1810-1875), enquanto o verdadeiro nome de Papus era Gerard Encausse.*
293. *Papus, O que Deve Saber um Mestre Maçom, com introdução de Ubaldo Triaca, Roma, 1981.*
294. *Papus,* Introdução à Ciência Oculta, *Atanor, Roma, 1976.*
295. *E. Levi,* O Grande Arcano, *Atanor, Roma, 1994.*

Favorecidos pelos ventos do Cientificismo que sopravam sobre as chamadas disciplinas limítrofes, pesquisadores ilustres começaram a desenvolver uma atenta e séria investigação sobre um leque bastante amplo de fenômenos. Cesar Lombroso, psicólogo e pai da Criminologia moderna, estava entre os que sustentavam firmemente a existência dos fenômenos metapsíquicos, ligando-os, todavia, a formas de energia que deveriam ser relacionadas à Fisiologia e à Física.[296] O próprio Giuseppe Mazzini havia sustentado teorias semelhantes, demonstrando grande interesse pela metempsicose ou reencarnação.

Na esfera literária, Luigi Capuana foi daqueles que desde a mais tenra idade cultivaram a paixão pelas Ciências Esotéricas e pelo Espiritismo.[297] Em agosto de 1865, quando contava 25 anos, o escritor siciliano viu-se envolvido, em Florença, em um caso de transe hipnótico em que uma garota de 18 anos, Beppina Poggi, afirmava ser possuída pelo espírito de ninguém menos que Ugo Foscolo. Um interessante testemunho do fato pode ser lido na obra *Espiritismo?*,[298] de 1984, em que Capuana, além de expor seu pensamento a respeito do universo mediúnico, propõe ao leitor uma atenta transcrição de tudo quanto Foscolo teria declarado por meio da voz de Poggi. Giovanni Verga demonstrou grande interesse por esse trabalho.[299] Doze anos depois, em fevereiro de 1996, publicará *Mundo Oculto*, dedicando-o a Benedetto Croce, ele mesmo grande cultor das disciplinas esotéricas.

Durante um encontro entre Capuana e Lombroso, o grande criminalista revelou: "Creio que os fenômenos por mim observados são muito bem explicados pela hipótese de uma força psíquica da qual, por enquanto, ainda desconhecemos a Natureza e suas leis".[300]

O escritor siciliano mostrou-se interessado ainda por outros temas limítrofes, como pela presença, em território italiano, de gnomos e duendes e por várias histórias do folclore regional. Conheceu, ao mesmo tempo, os mais importantes esoteristas italianos e estrangeiros da época, como a fundadora da Sociedade Teosófica Helena Petrovna Blavatsky* e o esoterista francês Stanislau de Guaita. A propósito do encontro desse último com o escritor, Cecília Gatto Trocchi destaca:

> *Para Guaita, Capuana tinha palavras de espera suspirosas, e afirmava que, conduzindo-o ao limiar do mistério, o esoterista francês prometia introduzi-lo no templo das ciências malditas,*

---

296. M. Biondi, História do Espiritismo na Itália, Gremese, Roma, 1988.
297. Cf. C. Gatto Trocchi, op. cit., no capítulo Luigi Capuana entre Verismo e Magia.
298. L. Capuana, Espiritismo?, Giannotta, Catania, 1984.
299. Cf. Gatto Trocchi, op. cit., pp. 60-61.
300. Cf. S. Cigliata, Introdução de L. Capuana, Mundo Oculto, Edizioni Del Prisma, Catania, 1896.
*. N.T.: Sugerimos a leitura de O Mundo Esotérico de Madame Blavatsky, coletânea de Daniel Caldwell, publicado pela Madras Editora.

templo freqüentado pelos esoteristas do passado, de Raimundo Lullo a Cornélio Agrippa, do abade Faria a Eliphas Levi, enquanto Blavatsky aparece nele como a sacerdotisa maior das "ciências ocultas".[301]

Portanto, um Capuana inédito, um tanto diferente daquela imagem que as histórias da literatura deixaram-nos sobre ele. Assim como distinto também da imagem oficial nos aparece em Cesar Lombroso.

Professor emérito de Neuropsiquiatria e difusor, na Itália, de uma disciplina que não vingaria, a Frenologia, Lombroso havia sido testemunha dos incríveis talentos da médium Eusapia Palladino, um genuíno "fenômeno da época", que havia dividido a comunidade científica, suscitando medo e ao mesmo tempo consternação. "Para Lombroso, a dinâmica dos fatos psíquicos era produto da pura força do pensamento, aquele mesmo pensamento que havia já observado migrar pelo éter de um indivíduo a outro sem a utilização dos habituais canais de comunicação, a laringe e as mãos".[302] Tal idéia, então predominante no mundo científico, via, de fato, nessa força mediúnica o resultado de uma propagação e de uma mutação das energias originadas do cérebro.

Lombroso passou para a História por sua teoria sobre a Fisiognomia, hoje totalmente abandonada por carecer de fundamentação científica – defendia que as diversas formas de crânio de cada indivíduo seriam indício do desenvolvimento de determinadas habilidades ou déficits. De formação cultural positivista, assumia sempre um posicionamento extremamente crítico quando em contato com tudo aquilo que não era ou não se mostrava passível de explicação pelo método científico, e o fato de que ele era profundamente fascinado pelo espiritismo faz-nos compreender o quanto tais fenômenos eram por ele tidos como muito além da compreensão.

Outra figura digna de nota nesse período é seguramente aquela da já citada Helena Blavatsky, a qual conseguiu, em poucas décadas, criar um movimento, a Teosofia que, desde a época, já contava vários milhares de adeptos espalhados por muitos países ocidentais. Esta enigmática figura havia tido contato com todos os ambientes mágicos e esotéricos de seu tempo, constituindo assim uma *ponte* por meio da qual os ideais e doutrinas poderiam fluir para todos os lugares. A *Golden Dawn* (Aurora Dourada), da qual se destacou posteriormente Aleister Crownley, e a Sociedade Rosa-Cruz da Inglaterra, foram talvez as mais famosas e mais importantes, mas o próprio posicionamento de um Capuana evidencia como o Esoterismo oitocentista constituiu em tudo e por tudo uma espécie de corredeira subterrânea a fluir sem limites nem barreiras. Apenas fatores políticos tentaram criar obstáculos, em diversas ocasiões, a tais movimentos, não conseguindo,

---

301. *Cf. C. Gatto Trocchi*, op. cit.
302. *Ivi, p. 79.*

ainda assim, jamais erradicá-los da cultura e da mente das pessoas. Da Índia ao Tibet, Blavatsky conseguiu levar à Europa, e também à Itália, um novo modelo esotérico que fascinou profundamente a sociedade e a cultura da época. Em seu *Doutrina Secreta* e depois em *Ísis Revelada* procurou demonstrar como, ao longo do tempo, existiram mestres de sabedoria portadores de conhecimentos iniciáticos superiores, que estariam muitas vezes diluídos no contexto das várias religiões, mitos e tradições. Pela primeira vez se falou sobre o Misticismo e a religiosidade de países como o Tibet e a Índia, e foram apresentados aos estudiosos europeus novas fontes e novos mitos referentes a reinos subterrâneos (Agartha) e a seres semi-divinos (o rei do mundo Sanat Kumara), escondidos em remotos sítios do planeta. No plano doutrinário, a Teosofia apresenta uma *summa* de todos os fatores necessários para se firmar nos inícios do século XX, ou seja, põe-se em um contexto cultural pronto para receber e desenvolver um Esoterismo e um Misticismo da nova tradição. Blavatsky visitou várias vezes a Itália,[303] e é provavelmente a isso que se deve a larga difusão que teve seu movimento no país. É notória a amizade que a ligou a Giuseppe Garibaldi, a quem acorreu em auxílio por ocasião da Batalha de Mentana, de 13 de novembro de 1867, onde foi também ferida. Teve numerosos contatos com Giuseppe Mazzini, em honra de quem mandou erigir um monumento no Central Park, em Nova York.

Por sua vez, o "número dois" da Teosofia italiana, o coronel Olcott, viajou por Roma, Florença, Nápoles, Milão e Gênova, enquanto Annie Besant, amiga e colaboradora de Blavatsky, realizou diversas conferências nas Universidades de Roma e Palermo, não antes porém de haver visitado e divulgado sua mensagem por muitas cidades italianas.

O primeiro Centro de Estudos Teosóficos foi inaugurado em 1891, em Milão, pela sra. J. Murphy, apesar do que se esperou até 1902 para ver a fundação, em Roma, da primeira sede italiana do movimento.

Impossível, em uma abordagem histórica do Esoterismo italiano entre os séculos XIX e XX, não recordar a figura do *mago negro* Aleister Crowley, aquele que foi chamado "a Grande Besta 666". Crowley provinha da Golden Dawn, a Alvorada de Ouro, um círculo esotérico do qual havia se afastado pelas "diferenças de pontos de vista"com seus dirigentes. Após algum tempo deu origem a uma discutível associação esotérica, a OTO, a *Ordo Templi Orientis*, que associava Magia sexual a ritos satânicos e tradições maçônicas. Passou então a viajar pela Europa para tornar conhecido seu pensamento e para conquistar novos adeptos, fazendo diversas paradas também na Itália. De sua permanência no país restaram, porém, poucos vestígios, entre os quais duas iniciações ocorridas em 1913, uma delas de um certo Edoardo

---

303. *Para obter informações sobre a Sociedade Teosófica na Itália é possível consultar o site www.teosofica.org.*

Frosoni, a outra de Arturo Reghini (1878-1946), diretor das revistas "Atanor", "Ignis" e "UR", e ainda co-fundador da Sociedade Teosófica iItaliana.

No âmbito europeu, outros personagens certamente destinados a deixar sua marca foram o russo Gheorghi Ivanovich Gurdjieff (1877-1949), que formulou um ensino iniciático que se reportava às técnicas utilizadas pelos dançarinos dervixes, o alquimista Jean-Julien Champagne, conhecido como Fulcanelli, autor dos clássicos *O Mistério das Catedrais* e *As Moradias Filosofais*, como também o filósofo e ensaísta francês René Guénon (1866-1951).

Os anos passaram e a influência dos movimentos esotéricos e das novas doutrinas pareceram conquistar cada vez mais o interesse e a curiosidade dos italianos. As prescrições religiosas e o jugo da Santa Inquisição foram apenas uma lembrança distante, pois os ideais libertários do Renascimento haviam conseguido suplantar a opressão da consciência e o progresso tecnológico favoreceu o intercâmbio científico-cultural.

Foi nesse contexto que começam a se delinear e a ocupar espaço as novas instâncias revolucionárias do movimento fascista, a respeito do qual alguém arriscou formular a hipótese de uma possível interpenetração com as doutrinas mágico-esotéricas.

Seria uma Hipótese Plausível?

Há mais de 40 anos pesquisadores do mundo inteiro estudam um fenômeno que passou para a História com o nome de Nazismo Oculto. Desde seu nascimento, o partido nacional-socialista alemão foi efetivamente permeado por uma corrente místico-esotérica que moldou profundamente o curso de sua História. Ainda que no âmbito historiográfico a questão pareça estar permanentemente aberta, é inegável que determinados indivíduos, portadores dos ideais e doutrinas esotéricos, conseguissem manipular e condicionar as escolhas e a atuação de importantes setores da hierarquia nazista. Mas, se podemos difusamente identificar a existência de um Esoterismo nazista,[304] discordando eventualmente sobre seu grau de penetração e de influência, não é possível fazer o mesmo com relação ao Facismo, nem tampouco identificar em suas fileiras grupos importantes que tivessem trabalhado nesse sentido. Não existiu, em suma, qualquer relação entre o poder político italiano e os movimentos esotéricos, e o laicismo generalizado que difundiu durante as duas décadas anteriores e durante o período da República Social foi de tal porte que essa questão deveria se dar por encerrada por ser inverossímil.

---

304. *G. Galli,* Hitler e o Nazismo Mágico, *Rizzoli, Milão, 1999.*

Além disso, com o passar das décadas, talvez tenhamos muito indiscriminadamente utilizado o termo "Fascismo esotérico" para indicar *lobbies* invisíveis ou círculos obscuros que teriam desempenhado um papel decisivo nos bastidores do partido de Mussolini. Trata-se, provavelmente, de meras especulações, uma vez que, como esclarece Gianfranco de Turris, "não se pode falar de uma dimensão esotérica, nem oficial nem oficiosa, do fascismo".[305] Ao contrário, não se pode dissimular o posicionamento freqüentemente "anti-esotérico" do Regime, que condenou ao ostracismo a Maçonaria, que foi mantida, uma vez assinado o Pacto de Acciaio com a Alemanha hitlerista, por uma ramificação da Grande Loja da Inglaterra e de França, a "demoplutocracia judaica de massas" inimiga. Na Itália não nasceu, por exemplo, qualquer *Ahnenerbe*[306] fascista, e não foi implementado qualquer programa místico-antropológico para resgatar as "origens perdidas" do povo italiano. Como afirma Giorgio Galli, "apenas na Alemanha hitlerista os dois elementos, o místico e o antropológico, equivaliam-se no projeto revolucionário himmleriano".[307]

Decerto os pensadores e os esoteristas que se aproximaram dos ideais e da política fascista foram muitos, mas devemos nos perguntar quantos o fizeram porque se sentiram realmente atraídos por tais ideais e quantos foram movidos por meras vantagens pessoais. No contexto da Sociedade Teosófica Italiana, por exemplo, foram desenvolvidas duas principais correntes, uma que seguia a ideologia anti-fascista de Besant e a outra, majoritária, chefiada por Décio Calvari, diretor da revista espiritualista "Ultra", que se declarava favorável a uma aproximação da ideologia mussoliniana. O próprio Calvari, já na primeira década do século XX, havia se embrenhado nas malhas do poder, chegando mesmo a tornar-se vice-diretor de serviços da Câmara dos Deputados. Por sua vez, Mussolini havia inúmeras vezes sublinhado que o movimento fascista se apresentava não apenas sob a forma de um partido reformador, mas ainda como um veículo para o Renascimento espiritual. O "Povo da Itália" de 5 de janeiro de 1924 trazia uma entrevista com o Supremo Comandante, na qual ele afirmava que:

> *O movimento fascista, para ser entendido, deve ser considerado em toda a sua vastidão e profundidade de fenômeno espiritual. Suas manifestações políticas têm sido as mais vigorosas e as mais decisivas, mas não é sua intenção parar por aí: o Fascismo italiano*

---

305. *Cf. G. de Turris (editado por),* Esoterismo e Fascismo, *Hera, Roma, 2003.*
306. *A* Deutsches Ahnenerbe *(literalmente "Herança dos Antepassados") surgiu em 1º de julho de 1935, por iniciativa de Himmler, que concebeu a idéia de investigar as origens "superiores" do povo alemão. Foi essa instituição que projetou e organizou as expedições para o Tibet, Antártida e Amazônia.*
307. *Entrevista de Alessandro Giuli a Giorgio Galli, tirado de* Esoterismo e Fascismo, *editado por G. De Turris, cit.*

(...) representa uma revolta espiritual contra as velhas ideologias, tanto da pátria quanto da família.

Um programa ideológico, no mínimo, claro.

Da mesma forma que a Teosofia, também a Antroposofia de Rudolph Steiner, já na primeira década do século XX, infiltrou-se na Itália com o trabalho de seus leitores e admiradores nacionais. Diversas editoras italianas haviam publicado alguns dos trabalhos de Steiner, que nesse meio tempo começara a realizar ciclos de conferências em várias cidades da Península. Grande admirador das doutrinas steineristas foram o Duque Giovanni Antonio Colonna de Cesarò, então nomeado por Mussolini ministro dos Postes e Telégrafos.[308] O "duque antropósofo", como era apelidado, havia tentado introduzir no Fascismo a doutrina de Steiner, procurando levar Mussolini a ler *Os Pontos Essenciais da Questão Social*, de Rudolph Steiner, um texto no qual se indicavam algumas linhas político-ideológicas conhecidas como "tripartição social", que segundo o duque Colonna poderiam conduzir o Regime a maiores êxitos. Infelizmente, não houve ocasião para ratificação oficial do texto, e os planos de Colonna di Cesarò deram em nada.[309]

A cultura esotérica italiana encontrava-se, então, em uma situação ambivalente, já que dividida entre aqueles que desejavam politizá-la, e ainda aplicar seus princípios em uma melhoria social concreta, e aqueles que, ao contrário, procuravam restringi-la ao papel que sempre ocupou, ou seja, o de veículo para um crescimento interior.

Começou nesse contexto a firmar-se uma corrente de pensamento até certo ponto interessante, ainda que extremamente circunscrita, constituída por uma ideologia que passaria para a História como "tradicionalismo pagão". Piero di Vona[310], a respeito de tal movimento, deixou evidente como ele procurava contrapor-se ao poder católico, propugnando, por meio do Facismo, um retorno à antiga espiritualidade pagã. Tal tradicionalismo colocou-se inteiramente inserido no pensamento e na cultura fascistas, mas, ao mesmo tempo, procurou uma via concreta para transformar esse modelo de "espiritualidade imperial pagã" em um projeto para a criação de um caminho místico para o novo império. Entre as principais figuras que aderiram a essa corrente encontramos Arturo Reghini, já teósofo e amigo de Crowley, o príncipe Leone Castani e o jovem Julius Evola, que, todavia, logo se tornaria seu dissidente.

---
308. *Incumbência que havia já desempenhado durante o governo Facta.*
309. *Um outro testemunho da vontade patente de fazer penetrar o pensamento steineriano no âmago da classe política fascista pode ser encontrado em um artigo intitulado* Rudolph Steiner Sociólogo, *publicado em 1925 na revista "O Estado Democrático". Nele, afirma Bruto, expunham-se os objetivos e os benefícios que a teoria da tripartição trazia consigo. Bruto era o pseudônimo de Colona di Cesarò.*
310. P. di Vona, Evola e Guénon. Tradição e Civilização, *Sociedade Editora Napolitana, Nápoles, 1985.*

Com o nome de UR, entre os dias 27 e 28, e de KUR, no dia 29, Evola constituiu um círculo esotérico-cultural para o qual confluíram numerosos estudiosos, incluindo Reghini. Entre os principais objetivos dessa associação estavam a busca da difusão das novas "orientações" políticas, esotéricas e pagãs em meio ao povo e nas hierarquias fascistas, busca essa que não parecia mais despertar muito o ânimo dos estudiosos, como também do próprio governo. Significativo, a respeito, o episódio da nova revista "A Torre", dirigida pelo próprio Evola e fechada em razão de proibições impostas pela polícia e por autoridades, em um ato que assumiu a conotação de claro distanciamento do Regime nos confrontos com o estudioso e suas idéias esotérico-pagãs (sabe-se que, quando Evola ia visitá-lo, Mussolini freqüentemente fazia gestos pouco polidos, considerando o diretor da "Torre" um criador de intrigas). Isso impeliu Evola a ampliar seus contatos com a Alemanha, fazendo que tentasse por mais de uma ocasião ingressar naquela Ahnenerbe que procurava na "pureza racial" um novo caminho para o resgate do antigo poderio intelectual e físico perdido.[311] Mas tais tentativas jamais tiveram acolhida, provavelmente em razão da intransigência ideológica que, com o passar dos anos, Evola havia assim decidido e definitivamente manifestado.

Foi precisamente a sinergia entre Evola e Reghini, embora entre ambos houvesse uma notável diferença de idade, que permitiu a postulação dos mais importantes conceitos esotéricos italianos da época. Os dois estudiosos viram-se logo envolvidos na luta contra a religião católica, considerada a responsável pela degradação espiritual e material do Império, e na fé naquele ideal que Reghini havia definido como "imperialismo pagão".[312] Tal conceito adentrava no âmbito do tradicionalismo romano do qual já se falou, e que havia logrado, tanto no campo doutrinário quanto no político, direcionar o Fascismo para a perspectiva de uma revitalização do antigo império romano. Mas Mussolini evitou pôr em prática uma política do gênero, sobretudo depois que a concordata e a assinatura dos Pactos Latrenses haviam ratificado uma estreita união entre a Igreja Romana e o regime fascista. Por outro lado sabe-se que o Vaticano pressionava o governo fascista a suprimir totalmente a "nefasta"[313] instituição da Maçonaria. O sonho de Evola e de Reghini colidia assim com as necessidades da política mussoliniana, de tal modo que a conciliação tentada entre Maçonaria e Estado e entre Esoterismo e poder mostrou-se, por fim, fatalmente impraticável.

---

311. *M. Dolcetta*, Nacionalismo Esotérico, *Castelvecchi, Roma, 2003*.
312. *Cf. artigo de Reghini publicado em 1914 na "Salamandra".*
313. *Reghini, maçom dos altos graus, viu-se obrigado a fechar apressadamente a revista "Ignis", para evitar o risco de duras represálias.*

Não podemos concluir essa visão panorâmica sobre o tema da relação entre Esoterismo e Fascismo sem citar a figura de Gabriele D'Annunzio, um intelectual em cujas obras "a perspectiva misteriosófica é onipresente, como em todos os poetas decadentes e simbolistas de fins do século XIX e início do XX".[314]

D'Annunzio foi um homem eclético, de profunda cultura e interesses multifacetados e, certamente, não se subtraía ao fascínio pelas disciplinas esotéricas, mesmo sendo suas concessões à Magia e ao Esoterismo totalmente heterodoxas, atestando que se tratava de disciplinas ligadas indissoluvelmente à inteligência e à perícia humanas. Iniciado na Maçonaria em 1892, havia fundado um centro cultural-esotérico, que denominara Salon de la Rose-Croix. Em Paris, foi recebido nos salões da aristocracia, nos quais se praticavam o Espiritismo e os rituais mágicos, pois em 1891 já havia publicado uma novela, *O Andrógino*, de claro enquadramento alquímico.

Em uma obra de 1935, escreveu que a arte e a poesia têm o que fazer com a Magia, uma vez que "a transmutação das palavras é uma obra da Alquimia",[315] e em "*Leda sem o Cisne*", de 1916, afirmou que

> *A vida é uma obra mágica que escapa ao reflexo da razão, e é tanto mais rica quanto mais se nos distancia, marcada pelo oculto e freqüentemente contra a Ordem ditada pelas leis exteriores. Nem mesmo quando acreditamos dormir e sonhar estamos nós de fato adormecidos, muito embora o mago não durma.*[316]

Durante sua permanência na França foi íntimo amigo de Joseph Peladan, esoterista muito famoso, como também organizador de eventos mágicos e esotéricos do submundo parisiense. A presença de Gatto Trocchi em seus escritos[317] evidencia igualmente o liame profundo que ligava D'Annunzio à poesia e à Magia desde 1887, quando, em um artigo intitulado *A Santa Cabala*, publicado pelo jornal "A Tribuna", o poeta afirmou o que se segue:

> *Sou um fervorosíssimo principiante nas Ciências Ocultas. O tempo todo estou em um outro mundo. Sei, enfim, como se faz para se libertar da Terra, para navegar por uma nova dimensão, para caminhar por uma selva de sonhos, discutindo com os espíritos, para penetrar em um sem número de fábulas, para habitar em palácios de ouro imateriais e de pérolas inimagináveis. Eu sei que tudo é uma emanação daquela essência uma, infinita e eterna; e que o homem terrestre é a imagem do homem celeste, e que os universos são reflexos do Uno.*[318]

---

[314] C. Gatto Trocchi, op. cit.
[315] G. D'Annunzio Cem mais Cem mais Cem Páginas do Livro Secreto de Gabriele D'Annunzio Esboçado antes de Morrer, Verona, Mondadori, Milão, 1935.
[316] *In* Obras, *vol. II, Mondadori, Milão, 1950.*
[317] C. Gatto Trocchi, op. cit., p. 171.
[318] "A Tribuna", de 28 de outubro de 1887.

Os interesses esotéricos e mágicos de D'Annunzio eram, além do mais, corroborados por uma "faculdade" que ele mesmo acreditava possuir: a clarividência. Durante numerosas ocasiões o Divino Gabrile autodenominava-se "vidente", ou profeta dos eventos futuros. Um grande exemplo foram as declarações feitas a respeito da figura do presidente americano Woodrow Wilson: "Não condeneis a hostilidade daquele velhaco do Wilson. Sonhei essa noite que seu cérebro estava sendo comido". E ainda: "Se Wilson enlouquecesse, bela vingança".[319] O fato curioso é que, dali a pouco, o primeiro cidadão dos Estados Unidos começou realmente a manifesar sinais de desequilíbrio mental.

Ao lado disso, para concluir o nosso *excursus*, fica bastante claro como no interior do Regime não é possível divisar os sinais de uma estrutura ideológica capaz de fazer crer na hipótese de um "Fascismo esotérico". Teosofia, Antroposofia, Ocultismo, enfim, vários tipos de filiação esotérica maçônica eram bastante presentes na época do governo de Mussolini, mas jamais modelaram-no ou direcionaram-no política ou ideologicamente. Se os Savóia, por tradição, haviam sempre se dedicado às artes esotéricas (a própria Rainha Elena, de origem montenegrina, tinha o dom da premonição), se o próprio duque não desdenhava tais doutrinas, e se numerosas hierarquias e membros do Partido Nacional Fascista eram, com efeito, esoteristas convictos e não só fanáticos leitores das obras de um parapsicólogo *ante litteram* como Bozzano, no fundo tudo teve uma influência pobre senão nula na gestão do governo e na política peninsulares.

Nada a ver, em suma, com o que acontece no contexto do Partido Nacional-Socialista alemão, no qual influências e manipulações levadas a efeito pelos ambientes esotéricos ou ocultistas alemães eram objetivamente identificáveis no âmbito político. Conforme documenta Giorgio Galli em seu *Hitler e o Nazismo Mágico* (1989), o *führer* acolheu em seu séquito ocultistas, astrólogos e magos, ordenou que conduzissem pesquisas sobre objetos de grande "poder esotérico" como a Lança de Longino e o Santo Graal, e tentou, enviando uma expedição ao Tibet, estabelecer um contato com Agartha e o mítico Rei do Mundo.[320] Não é por acaso que se deve a um nazista, Otto Rahn, o clássico *A Corte de Lúcifer*, de 1937.[321]

Nada a ver nem mesmo com aquilo que, em conseqüência, verificou-se na outra frente do conflito, no transcorrer da Segunda Guerra Mundial, quando os aliados puseram em campo forças iguais e opostas. Como documenta Ellic Howe em *Os Astrólogos do Nazismo* (1986), à "corte esotérica"

---

319. *Ambas as citações são tiradas de T. Antongini,* Vida Secreta de Gabriele D'Annunzio, *Milão, 1938.*
320. *Cf. L. Pruneti,* Sobre os Rastros deixados pelo Rei do Mundo e pela Mítica Agartha, *in* "Arqueomistérios", *nº 12, novembro/dezembro de 2003.*
321. *O. Rahn,* A Corte de Lúcifer, *Barbarossa, Saluzzo (cuneo), 1989.*

hitleriana Churchill opôs um culto grupo de sensitivos, médiuns e videntes para combater e resolver o conflito também na "frente oculta", antecipando, desse modo, as futuras operações de "espionagem psíquica" realizadas mediante a participação de sensitivos e *remote viewers* pelos americanos e pelos soviéticos nos tempos da Guerra Fria.

Do Pós-Guerra aos Dias de Hoje

Na Itália, depois do caos da Segunda Guerra Mundial, os estudos sobre espiritualidade, notavelmente desenvolvidos nas primeiras quatro décadas do século XX, entraram em um compreensível ritmo de espera, e quem, no âmbito teosófico-metafísico ou esotérico-maçônico (pense-se no poeta da Teosofia italiana, Robert Hack, pai da Astrofísica Margherita), procurou retomar um discurso que o conflito havia banido, viu-se diante de um cenário muito distante do ideal. Diversamente daquela anterior à guerra, a editoria do pós-guerra orientou-se por temáticas bem menos "presunçosas" e "elitistas". Desde o final dos anos de 1960, os únicos livros sobre paranormalidade e sobre assuntos ligados ao Esoterismo habitualmente editados, salvo raras exceções, vieram à luz por meio de pequenas e pouco conhecidas editoras, a exemplo dos trabalhos de Trespioli (*Espiritismo Moderno: Ultrafania* e *Reencarnação*, ambos publicados pela Hoepli), ou então quando uma editora como a Fratelli Bocca tinha a coragem de reeditá-los: os trabalhos de Blavatsky, as obras de Bozzano, de Atkinson, de De Boni ou do Iogue Ramacharaka, únicos *trait d'union* com o passado e únicos pontos de referência para os apaixonados pela matéria. Excetuamos a limitada projeção dada ao caso literário de Paramahansa Yogananda, autor de *Autobiografia de um Iogue*, de 1951, e o suposto caso da reencarnação de Bridey Murphy, narrado por Morey Bernstein em *À Procura de Bridey Murphy. História da Mulher que Viveu duas Vezes*, de 1958, o mercado editorial italiano era, então, predominantemente caracterizado por obras cuja matriz ancorava-se profundamente na cultura esquerdista, que do ponto de vista ideológico não podia, de qualquer forma, ser muito distante do Esoterismo.

Depois, já nos anos 60, entre a *Doce Vida* e 1968, delineou-se uma situação cultural diversa. Na França, os escritores Louis Pauwels e Jacques Bergier lançaram a revista "Planète", fértil de um "realismo fantástico" que buscava reavaliar os mistérios do mundo e do passado, o transcendental e as novas dimensões da existência. A revista foi, após poucas edições, publicada também em outros países europeus, incluída a Itália, e ao seu redor reuniram-se muitos daqueles que, no âmbito da contestação, nutriam simpatias orientalistas e pelo insólito, inaugurando um novo clima cultural, a chamada "Era de Aquário", na qual começaram a ser resgatados os valores do espírito e as dimensões do paranormal, do sagrado e do oculto. Assim, mesmo os editores italianos começaram a abrir espaço para títulos metapsíquicos, do espiritismo, da ultrafania, da metempsicose, da Magia e das Ciências Ocultas em geral, como também os que abordavam as civilizações misteriosas ("arqueologia insólita"), da Astrologia e do Esoterismo, e ainda ao novo enigma das manifestações extra-terrestres (Ufologia, inteligência alienígena,etc.).

Em Florença, em 1971, na sede da editora Tedeschi, nasce o popular "Jornal dos Mistérios", coordenado por Giulio Brunner, com o mesmo perfil do concorrente milanês "Os Arcanos", do editor Giovanni Armênia, ambos marcados pela mais vivaz divulgação de temáticas heterodoxas, esotéricas e fronteiriças. No âmbito parapsicológico, diante de indivíduos como Natuzza Evolo e Gustavo Adolfo Rol, e ao lado de figuras de estudiosos como Piero Cassoli, surgiram autores como Leo Talamonti e Massimo Inardi, enquanto pela vertente estritamente esotérica destacaram-se autoras voltadas para a divulgação como Manuela Pompas, Giuditta Dembech e a notória Paola Giovetti, e editoras especializadas, como as Edições Mediterrâneas, de Roma. Portanto, no que diz respeito às civilizações misteriosas e a um seu possível contato, também no plano extraterrestre, paralelamente ao sucesso dos temas ufológicos, fizeram escola os livros de Peter Kolosimo e Erich Von Däniken. Curiosa a relação manifesta entre um certo tipo de Esoterismo tradicional e o "contatismo" ufológico do momento.

Em suma, por mais de uma década prolongou-se um incrível *boom* editorial, que repercutiu também na televisão, graças aos já citados Inardi e Giovetti, e consolidou uma silenciosa e profunda "revolução das consciências", que contribuiu para modificar a visão do mundo pelas mãos de quem, sobretudo entre as jovens gerações, declarava-se frustrado pelo conformismo da cultura oficial e pela impropriedade das religiões tradicionais. Até mesmo um certo *entourage* político não se subtraiu a tal fenômeno; cite-se, por exemplo, Antonio Caxi, irmão de um líder socialista, convicto seguidor do guru indiano Sai Baba. Os filhos das flores buscavam novas dimensões para o sagrado e, muito além das experiências xamânicas consideradas notáveis pelo antropólogo Castañeda, com Timothy Leary mergulharam na droga como um caminho para a ampliação da consciência. Mas fosse ela leve ou pesada, não solucionava certamente os problemas de uma realidade caracterizada por elites indiferentes, autoritárias e repressivas. E se, na Europa e nos Estados Unidos, depois da morte de João XXIII, da morte dos Kennedy e de Martin Luther King e do início da Guerra do Vietnam, foram muitos os que se mobilizaram de diversas formas contra o "sistema", algo semelhante ocorreu pouco depois também nos países do Leste Europeu, diante da utopia comunista, definitivamente destruída pelo imperialismo soviético com a invasão da Tchecoslováquia, primeiro, e do Afeganistão, depois. E enquanto o Esoterismo despontava explendidamente no horizonte, alcançando níveis jamais vistos – vide o emblemático episódio da sessão de invocação espírita organizada pelos investigadores que desejam descobrir pistas sobre o seqüestro de Aldo Moro[322] —, os próprios intelectuais da esquerda, que os "anos de chumbo" contribuiriam posteriormente para que sofressem de uma crise de identidade, começaram a se colocar diante do problema da busca de novos, desde que estritamente laicos, valores interiores, o que resultou em uma curiosa e gradual aproximação do mundo do insólito e do oculto, aproximação ainda hoje em curso, e levada a efeito, mesmo assim, a despeito do fato de que a esquerda italiana contribuiu, tanto quanto possível, para resgatar a organização e a tradição maçônicas, literalmente banidas da noite para o dia uma vez associadas, por via de acusações as mais variadas e apenas em parte justificadas, a uma Maçonaria italiana (na obediência do Palácio Giustiniani ou da Praça de Jesus, pouco importava) trazida pela suposta manobra golpista e pelo escândalo da P2, a Loja "obscura" de Licio Gelli na qual se encontravam ambos, não obstante seus envolvimentos em escândalos, um Mauricio Costanzo e um Silvio Berlusconi.

Sob o aspecto literário, na trilha de Dino Buzzati, Alberto Bevilacqua e Umberto Eco, com um discurso voltado ora à individualidade ora à reconstrução histórica, têm dado sua contribuição à valorização do mistério e do oculto (publicado em 1988, *O Pêndulo de Foucault* constitui um belo exemplo).

Nesse clima, não poderiam deixar de se desenvolver, em razão mesmo de sua extrema simplicidade, as vertentes do movimento *New Age* provenientes da América, que, como evidencia Giorgio Galli, não são outra coisa senão a reformulação, apesar de banalizada, de alguns conceitos tirados do Esoterismo clássico e associados a um exotismo superficial e oportunista. O que não exclui, de certa forma, a Maçonaria tradicional e a própria Bnai Brit hebraica vejamos perfiladas no horizonte ordens esotéricas

---

322. *Durante os dias em que durou o dramático seqüestro de Moro, no curso de uma sessão espírita realizada com o intuito de se obter possíveis informações sobre o estadista seqüestrado pelas Brigadas Vermelhas, surgiu o nome "Gradoli", que, todavia, foi erroneamente interpretado como a localidade de mesmo nome, e não como o nome da via de Roma onde o presidente da DC encontrava-se efetivamente cativo.*

feito estrelas e cometas (como os Skulls and Bones*), que tiveram presidentes americanos, a começar por Bush, como adeptos, e que, na realidade são apenas dos superpolíticos, empresários e financistas (ao lado da Trilateral e do Grupo de Bilderberg).

Ao lado disso, entre os últimos anos do século XIX e o início do novo milênio, o difuso desejo neo-humanístico de reinterpretar certos enigmas arqueológicos tradicionais, da Atlântida aos mistérios das origens cristãs, fez-se cada vez mais intenso. Enquanto em bancas de jornais têm sido significativo o número de novas publicações especializadas, desde "Noticiário UFO" até "Arqueomistérios", de "Curiosidades do Desconhecido" a "Mystero", nas livrarias os títulos dedicados aos assuntos "alternativos" têm registrado um novo e crescente impulso de vendas, em particular de autores como Robert Bauval, Graham Hancock e Zecharia Sitchin, como também de Richard Leigh, Michael Baigent e Henry Lincoln, titular do novo curso de investigação sobre o Santo Graal e sobre a figura de Cristo, estruturado para a França e para Rennés-le-Chateau em particular.

O Esoterismo, enfim, inicialmente acessível apenas para poucos, tem se transformado em um fenômeno cada vez mais difundido e aceito; de um conhecimento a princípio oligárquico que era, tem-se tornado cada vez mais democrático e popular. O *boom* mais recente de textos sobre o assunto e a consolidação da internet como meio de comunicação de alcance global têm feito o resto.

Tudo isso prova a necessidade que têm as pessoas comuns de sentir-se livres para resgatar aqueles temas e aqueles valores que o Esoterismo perene, contemporâneo ou antigo, tem, não obstante tudo o mais, preservado.

Pois hoje, como outrora, o homem continua e continuará a se mostrar eternamente indagador, seguindo um clamor por valores que nenhuma Ciência, hipocritamente espiritual e ao mesmo tempo aspirante à condição de divindade laica, jamais poderá substituir.

---

* *N.E.: Sobre o assunto, sugerimos a leitura de* Sociedades Secretas da Elite da América Dos Cavaleiros Templários à Sociedade Skull and Bones *de Steven Sora, publicados pela Madras Editora.*

Bibliografia Essencial

AGRIPPA, Heinrich Cornelius von Nettesheim, *De Oculta Philosophia*, 1513.

ALEXANDRIAN, Sarane, *História da Filosofia Oculta*, Mondadori, Milão, 1984.

ANDREWS, Richards, *O Monte do Templo*, Sperling e Kupfer, Milão, 2001.

ANTONGINI, Tom, *Vida Secreta de Gabriele D'Annunzio*, Milão, 1938.

ARACINI, Giovanni, *Memórias Históricas da Cidade de Ancona*, Forni, Roma, 1675.

BAIGENT, Michael - Leigh Richardson, *O Templo e a Loja*, Newton Compton, Roma, 1998.

BAIMA, Bollone Píer Luigi, *A Ciência no Mundo dos Espíritos*, Sei, Torino, 1995.

BERGIER, Jacques – Pauwels Louis, *O Alvorecer dos Magos*, Mondadori, Milão, 1960.

BIONDI, Massimo, *História do Espiritismo na Itália*, Gremese, Roma, 1988.

BÖHME, Jacob, *Aurora, ou o Tom Rubro da Manhã ao Alvorescer*, 1612.

BONVICINI, Eugenio, *Esoterismo na Antiga Maçonaria*, 2 vols., Atanor, Roma.

Bonvicini, Eugenio, *A Maçonaria na História*, in *A Franco-Maçonaria*, SugarCo, Milão, 1978.

BRUYÈRE, Bernard, *Rapport sur les fouilles de Deir el Médineh*, 1933-35 e 1935-40 (=FIFAO, 14-15), 2 Bde, Cairo, 1937.

CAPUANA, Luigi, *Espiritismo?*, Giannota, Catania, 1884.

CAPUANA, Luigi, *Mundo Oculto*, Edizioni del Prisma, Catania, 1896.

CASSATO, Ugo, *Os Hebreus em Florença durante o Renascimento*, Olschki, Florença, 1918.

CHARPENTIER, Louis, *Os Mistérios dos Templários*, Atanor, Roma, 2001.

CHISSOTTI, Riccardo, *Moderno Dicionário Maçônico*, Bastogi, Foggia, 2001.

CHRISTIE-MURRAY, David, *Os Caminhos da Heresia,* Rusconi, Milão, 1998.

CLAYTON P. A., *Chronicle of the Pharaohs: The Reign by Reign Record of the Rulers and Dynasties of Ancient Egypt*, Thames & Hudson, London, 1994.

CONTI, Fulvio, *História da Maçonaria Italiana*, Il Mulino, Bolonha, 2003.

DE STEFANO, Antonio, *A Cultura na Corte do Imperador Federico II*, All'Insegna Del Veltro, Parma, 1990.

DELLA PORTA, Giambattista, *Magia Naturalis*, 1558.

DI LUCA, Natale Mario, *A Maçonaria: História, Mitos e Ritos*, Atanor, Roma, 2000.

Di Vona, Piero, *Evola e Guenon.Tradição e Civilização*, Sociedade Editora Napolitana, Nápoles, 1985.

DJEBBAR, Ahmed, *História da Ciência Árabe*, Cortina, Milão, 2002.

DOLCETTA, Marco, *Nacionalismo Esotérico*, Cooper, Castelvecchi, Roma, 2003.

DONNINI, David, *Cristo, um Evento Histórico a Descobrir*, Erre Emme, Roma, 1994.

Enciclopédia Zanichelli, editado por Egideo, Zanichelli, Bolonha, 1995.

TRISMEGISTO, Hermes, *Corpus Hermeticum*, Rizzoli, Milão, 2001.

EVOLA, Julius, *Metafísica do Sexo*, Mediterranee, Roma, 1969.

FAGAN, Brian, *A Origem dos Deuses*, Sperling e Kupfer, Milão, 2000.

For michetti Gianfranco, *Tommaso Campanella, Herege e Mago da Corte dos Papas*, Casale Monferrato, 1999.

FOURIER, Charles, *Teoria dos Quatro Movimentos e dos Destinos em Geral*, 1808.

FRANCOVICH, Carlo, *História da Maçonaria na Itália. Das Origens à Revolução Francesa*, A Nova Itália, Florença, 1974.

FRAZER, James George, *O Ramo Dourado. Estudo sobre Magia e Religião*, Newton Compton, Roma, 1992.

GALLI, Giogio, *A Política e os Magos*, Rizzoli, Milão, 1995.

GALLI, Giorgio, *Hitler e o Nazismo Mágico*, Rizzoli, Milão, 1999.

GALLO, Ermano, *Magos, Xamãs e Bruxos*, Piemme, Milão, 2000.

GARIN, Eugenio, *Giovanni Pico della Mirandola. Vida e Doutrina*, Le Monnier, Florença, 1937.

GATTI, Hilary, *Giordano Bruno e a Ciência do Renascimento*, Cortina, Milão, 2001.

GATTO, Trocchi Cecilia, *O Ressurgimento Esotérico*, Mondadori, Milão, 1996.

GEAY, Patrick, *Tradição e Maçonaria*, Atanor, Roma, 2002.

GIBSON, Shimon – Jacobbson David M., *Subterranean, Chambers and Conduits of Harma, al-Sharif*, BAR International Series, 637.

GUENON, René, *O Esoterismo de Dante*, Atanor, Roma, 1990.

GRAFFIN, Robert, *L'Art Templier des Cathedrales*, Jean Michel Garnier, Charles, 1993.

HASKINS, Henry, *The "Alchemy" Ascribed to Michael Scot*, in "Isis", n° 34, v. X, 1928.

HUME, David, *Diálogos sobre a Religião Natural*, Laterza, Bari, 1983.

KELDER, Peter, *Os Cinco Tibetanos*, Mediterranee, Roma, 1995.

KNIGHT, Cristopher – Lomas Robert, *O Sistema de Hiram*, Mondadori, Milão, 1997.

JACQ, Christian, *A Maçonaria, História e Iniciações*, Mursia, Milão, 1978

JUNG, Carl Gustav, *Psicologia do Inconsciente e Simbologia do Espírito*, Newton Compton, Roma, 1997.

YATES, Francis, *Giordano Bruno e a Tradição Hermética*, Laterza, Roma, 1985.

YATES, Francis, *O Iluminismo Rosacruz*, Einaudi, Turim, 1976.

LA CRUZ, Luis, *El Secreto de los Trovadores*, Edita América Iberica, Madrid, 2003.

LAVATER, Johann Kaspar, *Fragmentos Fisiognômicos*, 1778.

LEVI, Eliphas, *História da Magia*, Mediterranee, Roma, 2003.

LEVI, Eliphas, *O Grande Arcano*, Atanor, Roma, 1994.

LEWIS, Spencer, *Rosacrucian: Questions and Answers with Complete History of the Rosacrucian Order*, Amorc Funds, 1993.

LHOMME J. – MAISONDIEU E. – TOMASO J., *Esoterisme e Spiritualite Maçoniques*, Dervy, Paris, 2002.

LOHSE, Eduard, *O Ambiente do Novo Testamento*, Paidéia, Bréscia, 1993.

LUCIANI R., editado por, *Roma Subterrânea*, Palombi, Roma, 1984.

MANDEL, Gabriel, *O Sufismo, Vértice da Pirâmide Esotérica*, SugarCo, Milão, 1977.

MARSHALL, Peter, *Os Segredos da Alquimia*, Corbaccio, Milão, 2001.

Moraldi, Luigi, *Os Manuscritos de Qumran*, Tea, Milão, 1994.

PALAZZI, Fernando, *Mythos. Dicionário Mitológico e das Antiguidades Clássicas*, Bruno, Mondadori, Milão, 1993.

PAPUS, *Tudo o que Deve Saber um Mestre Maçon*, Atanor, Roma, 1981.

PAPUS, *Introdução à Ciência Oculta*, Atanor, Roma, 1976.

PASCAL, Blaise, *Pensamentos*, Mondadori, Milão, 2003.

PAVIA, Carlo, *Roma Mitraica*, Lorenzini, 1986.

GIOVANNI, Pico della Mirandola, *As 900 Teses e Orações do Dignitate Hominis*, 1486.

PIEROTTI, Ermete, *Plano da Jerusalém Antiga e Moderna*, in *Atlas da Palestina*, S.l., 1888.

PINOTTI, Roberto, *Os Continentes Perdidos*, Mondadori, Milão, 1995.

PLATÃO, *Timeu*, in *Obras Completas*, Laterza, Bari, 1983.

POLTRONIERI, Morena e ERNESTO, Fazioli, *E Dante Escreveu sobre Magia*, Hermatena, Bolonha, 2002.

POMPONAZZI, Pietro, *Tratado sobre a Imortalidade da Alma*, 1516.

POMPONAZZI, Piero, *Os Encantamentos*, editado por C. Innocenti, A Nova Itália, Florença, 1997.

REGHINI, Arturo, *A Tradição Pitagórica Maçônica*, Melita, Gênova, 1988.

ROSSI, Paolo – SILVA, Parigi (editado por), *A Magia no Renascimento. Textos de Agrippa, Cardano, Fludd*, Utet, Turim, 1989.

SÉDIR, Paul, *História e Doutrina dos Rosacruzes*, Bocca, Milão, 1949.

SILBERMAN, Neil Asher, *In Search of Solomon's Lost Treasure*, "Biblical Archeology Review", vol VI, n° 4, Julho/Agosto de 1980, pp. 34-41.

TOMMASO, de Aquino {pseudo}, *A Alquimia, ou seja, Tratado da Pedra Filosofal*, editado traduzido por Paolo Cortesi, Newton Compton, Milão, 1996.

TOSONOTTI, Pia Andronico, *Os Rosacruzes*, Xênia, Milão, 2000.

TOSONOTTI, Pia Andronico, *O Esoterismo*, Xênia, Milão, 1997.

THEODORICUS, *Jerusalem Pilgrimage 1099-1185*, editado por Wilkinson, The J. Hakuyt Society, Londres, 1988.

VACANDARD, *Vie de Saint Bernard*, Paris, 1895.

VACANDARD, *Bernard, Orateur*, Rouen, 1877.

VALLI, Luigi, *A Linguagem Secreta de Dante e dos "Fiéis do Amor"*, Optima (A Universal tip. Poliglota), Roma, 1928.

VESSER, Berth. S., *Our Jerusalem: An American Family in the Holy City 1881-1949*, Ariel Publ. House, Jerusalem, 1988.

WARREN, Charles and Charles W. Wilson, *The Recovery of Jerusalem: A Narrative of Exploration and Discovery in the City and the Holy Land*, Appleton, New York, 1871.

WILSON, Charles W., *Ordnance Survey of Jerusalem*, R. E. 1886.

WILSON, Ian, *The Exodus Enigma*, Weidenfeld and Nicolson, Londres, 1985.

www.etruscansea.it

MADRAS® Editora — CADASTRO/MALA DIRETA

Envie este cadastro preenchido e passará a receber informações dos nossos lançamentos, nas áreas que determinar.

Nome _____
RG _____ CPF _____
Endereço Residencial _____
Bairro _____ Cidade _____ Estado ___
CEP _____ Fone _____
E-mail _____
Sexo ❏ Fem. ❏ Masc.   Nascimento _____
Profissão _____ Escolaridade (Nível/Curso) _____

Onde você compra livros:
❏ livrarias   ❏ feiras   ❏ telefone   ❏ Sedex livro (reembolso postal mais rápido)
❏ outros: _____

Quais os tipos de literatura que você lê:
❏ Jurídicos   ❏ Pedagogia   ❏ Business   ❏ Romances/espíritas
❏ Esoterismo ❏ Psicologia ❏ Saúde   ❏ Espíritas/doutrinas
❏ Bruxaria   ❏ Auto-ajuda ❏ Maçonaria ❏ Outros:

Qual a sua opinião a respeito desta obra? _____
_____

Indique amigos que gostariam de receber MALA DIRETA:
Nome _____
Endereço Residencial _____
Bairro _____ Cidade _____ CEP _____

Nome do livro adquirido: ***Itália Esotérica***

Para receber catálogos, lista de preços e outras informações, escreva para:

MADRAS EDITORA LTDA.
Rua Paulo Gonçalves, 88 — Santana — 02403-020 — São Paulo/SP
Caixa Postal 12299 — CEP: 02013-970 — SP
Tel.: (11) 6959-1127 — Fax:(11) 6959-3090
www.madras.com.br

Este livro foi composto em Times New Roman, corpo 11/12.
Papel Offset 75g – Bahia Sul
Impressão e Acabamento
Prol Editora Gráfica – Unidade Tamboré
Alameda Araguaia,1901 - Tamboré - Barueri/SP
CEP 06455-00 – Tel.: (0_ _11) 4195-1805